大展好書 好書大展

大展好書 好書大展

社會人智囊

49

説服的IQ

安本美典/著
沈永嘉/譯

大展出版社有限公司

前言

一九九五年三月，日本發生了一樁震撼全國的大事件。那就是奧姆真理教發動的地下鐵沙林事件。

我們往往連自己的妻兒都無法如願地指使。

如果你在公司裡擔任主管，則你的部屬就是領公司的薪水。那麼，你便被賦予指使部屬的權力。但是，卻不一定能期望部屬們為你奮鬥。

可是，奧姆真理教的信徒卻情願投擲自己的財產、服從教主，甚至犯下罪行，而且，他們看起來都是有教養、有分寸的人。

這到底是怎麼一回事呢？

應該有人想過：如果妻兒或部屬能夠那樣地為自己奉獻的話，……。其實，我就是其中的一人。

至於說服的方法和心理控制（mind control）的方法，到底哪裡不同？

它們之間的具體方法，有相當多的共通部分。

那是因為心理控制的方法，積極、有組織且有系統地引入了心理學所開發的說服方法。

奧姆真理教事件，如果除了宗教所開發的說服方法之外，再加上心理學的方法，以總和且極端的形式用於人類的話，則能夠進行何種的心理控制或洗腦活動呢？這成了具體的樣本集。

正當的說服和心理控制，當然不同。

雖然很難在它們之間畫下一道界線，但是，正當的說服和心理控制的目的及所採用的手段各不相同。

亦即，在目的方面：

「正當的說服，以為自己和大家謀幸福為目的。為了自己的幸福，不顧對方的不幸；反正，就是說服對方，使其服從自己。這種目的即接近心理控制。」

手段方面：

「凡是正當的說服，於此使用的手段、方法，自然具有常識上所允許的固定界限，萬一為達目的而不擇手段的話，這便接近了心理控制。即目的無法使手段正當化。」

我們每一個人都需具備「說服」別人的技巧。但是，也必須具備不被邪道說服，或不被假資訊等「說服」；即不受騙的能力。

這正是我撰寫本書的目的。

發行本書時，很榮幸承蒙PHP研究所的金田幸康先生和荒田真理子小姐的幫忙，在此致上深深的謝意。

安本美典

目錄

第1章

說服和心理控制之間

1 心理控制的一般順序

什麼是心理控制呢?

在此先說明「說服」、「心理控制」和「洗腦」的不同。

「心理控制」或「洗腦」，一般指灌輸某一固定思想等時的方法。多指對本人毫無利益且具某種詐欺性質的行爲。

首先，在此極簡單地說明「洗腦」和「心理控制」的區別。

「洗腦」(Brain Washing)，是伴隨某種強制力的行爲。也是違反本人的意志，強迫灌輸一定思想等的方法。

相對地，「心理控制」則讓本人誤以爲是靠自我自發、自願從事那種行爲。但是，卻不一定能爲本人帶來利益。「心理控制」的主要架構是設計成控制心理者獲取利益。但是，接受心理控制的一方卻誤以爲是自己心甘情願、自動參與行動一般。

我姑且如此劃分；但是，其實「洗腦」和「心理控制」的區別和其界限，仍舊曖昧不明。有時可說是「洗腦」，有時也可說是「心理控制」。

「心理控制」或「洗腦」，大多指不帶給本人利益且具某種詐欺性質的行為。可是，什麼是本人利益？又什麼才不是本人利益？這樣的判斷非常困難。

讓我舉例說明吧！

(1)棒球教練帶領選手，在比賽中獲得優勝。平常教練時而讚美，時而叱責，時而鼓勵；以使選手能夠發揮實力。

為贏得比賽，大家都要做好心理建設。

贏得比賽是教練的期望，也是選手們的心願。同時，觀衆或周圍的人也莫不如此盼望。假如教練的帶隊方式也納入廣義的心理控制（心理操作）的話，這將會受到社會上的肯定吧！而且，應該不會有人指責這樣的教練。

(2)引導自己的孩子擁有學習的意願。

這是父母所期望的；可是，也許孩子，至少當初，根本就沒有學習的意願。但是，這應該也能獲得社會的認同吧！以長遠的眼光來看，還是對小孩有利。因此，應該也不會受到大衆的責難。

(3)小孩拒絕上學。表示決不上學。於是，父母便循序漸進地讓小孩上學。亦即，利用心理學上的某種技巧（之後詳述的行動療法等），達到讓小孩上學的目的。這在社會上也應該會受到肯定吧！

(4)某人表示不願遵守某項法律；或表示斷然拒絕該項法律。

這時，便可採用和治療(3)項之拒絕上學同樣的心理學技巧，使其遵守法律。

一般的情況下，這也沒有什麼問題吧！

(5)一獨裁國家的內部裡，某人表示不願服從該國的某項法律。

或者，一宗教團體的內部裡，某信徒表示不願服從該宗教團體內的規矩。

這時，可以採用和治療(3)項之拒絕上學同樣的心理學技巧，使其服從法律和規矩。這種情況之下，也許有人會反駁「箇中有問題」吧！也許有人認爲「應該委諸於本人的自由判斷、意志、良心」。可是，一旦「委諸於本人的自由判斷、意志、良心」的話，當然會出現原原本本認同獨裁國家的法律、宗教團體內的規矩的人。對原本身處獨裁國家、宗教團體內部的人們而言，要判斷該國法律或宗教團體內部規矩是否正確，談何容易。

再說，即使心想：該國法律或宗教團體內部規矩，對照人類普遍的價値觀並不妥當也不正確；但是，有時，淸楚表態事件對本人也毫無利益。

(6)有位酒精依賴症（中毒）患者。或者又有一位想戒煙卻戒不掉的人。這時，可對這類的人採用心理學的技巧，讓他成功地戒酒或戒煙。

這應該也是受社會肯定的類型吧！

(7)假設生活於戰時的日本，且當時的日本並非獨裁國家。而且，再假設社會上的大多數人均認爲「皇國史觀是正確的」「日本發動的戰爭是正義的戰爭」。其中，可能有人認爲「皇國史觀是錯誤的。日本發動的戰爭是不對的」。

假設對這些人採取和「讓他戒酒」「讓他戒煙」完全相同的方法，使其放棄不合作的舉動，贊成皇國史觀的理念和戰爭的進行。

在現代的眼光看來，這種做法似乎是錯誤的。然而，這種想法在當時是被社會認同的。難道令其戒酒是正確的，而令其放棄反皇國史觀的理念就是錯誤的嗎？

(8)在我們今日的社會中，可能針對某事件，認爲某人不遵守法律是錯誤的，而批評他。或者因某人不服從公司或學校的規矩而強迫他服從規矩。

那是靠我們現今社會中，認爲正確的基準判斷而來的。但是，也有可能我們社會中判斷正確的基準，原本就是錯誤的。

戰時，大家都認爲「你觸犯了治安維持法，所以是犯人」「你不遵從皇國史觀的理念所以不對」；於是，將那些不服從大多數社會人士認爲正確事項的人，送入監獄。但是，一旦戰爭結束，以前站在將犯人送入監獄立場的人，在經過遠東國際軍事審判的裁決之後，被視爲罪犯。

難道不可僅以是否抵觸當時的法律，來判斷該行爲是否正確嗎？

⑼有一名犯了某項罪行的人。這時，應該好好開導他避免再犯。說不定這名犯人早就有犯罪的傾向；但是我們可以將他指引到不再犯罪一途。

一般而言，這是受社會肯定的。

⑽在老鼠腦部的某部位中植入電極。而且給與它電力刺激。結果，有一腦部部位因電力的刺激而感到痛苦。

又，一刺激腦部某部位時，老鼠會感到快樂。雖然老鼠和人類不同；但是假定人類也可以進行和老鼠一樣的實驗。

亦即，在犯人的腦內植入電極，萬一他想做壞事時，就給與他痛苦的刺激。相反地，當他想做善事時；就給與他快樂的刺激。如此，即可避免再犯。

假設該罪犯擁有天生的犯罪傾向，這時除了這種方法之外，便無法矯正他的行爲。萬一他回歸到社會，必定會再犯罪。

儘管如此，可能很多人認爲這種矯正方法不正確。亦即，將人類當機器人看待，蹂躪人類必須保持至最後的自由意志。

如果允許這種方法的話，搞不好會出現可怕的獨裁國家、機器人帝國。即使避免再犯對罪犯本人和社會有利；但是，有時某種的矯正方法，仍被判斷爲方法不正確。

⑾體罰任性、不聽話的孩子，使他聽從父母的話。或者老師體罰學生，讓他遵守

校規。這難道是方法錯誤了嗎？如果一味地尊重本人的自由意志的話，他可能擅做主張，使你無法招架。

⑿非常技巧地說服女性：「一定給你幸福」，而和她結婚。

這時，可能有下列三種情況：

(a)眞的讓她幸福。

(b)原本打算讓她幸福；但是，結果卻是帶給她不幸。

(c)根本沒有自信讓她幸福，卻承諾：「一定給你幸福」而結婚；結果，導致不幸。

假設該名女性是在任何情況下，都堅信自己會幸福才結婚的。

(a)的情況沒有問題。

(b)的情況是，既然是該名女性同意結婚的，大多會認爲這種結局是情非得已的。

問題是(c)的情況。女性本身也應該擁有自由的判斷力。因此，(c)的情況該認爲是欺騙的男性不好呢？或是受騙的女性也有不對呢？

男人有時會使用非常巧妙的心理控制方法。

從幾乎可說是詐欺，到儘管誠心誠意卻事與願違之近似(b)的情況，可能存在著各種案例。也許其中有些幾乎可說是詐欺，男方卻自我強辯：「本來是誠心誠意的，結果竟事與願違。」

也許這不是藉口，可能該名男子原本就是誠心誠意的。

※　※　※

如此，意外地竟有不少情況是難以辨別心理控制到底是騙人的勾當？或是正當的說服？一般而言，我們將「對受說服者和廣大社會毫無意義」的錯誤目的，和把人類完全視爲機器人對待的錯誤方法，稱爲心理控制或洗腦。

爲探知心理控制和「正當的說服」之間的區別，以下列舉心理控制的一般順序和具體的方法。

心理控制之三順序

包含洗腦在內，廣義的心理控制，一般採取下列三順序：

(I)、隔絕外界資訊。
(II)、輸入固定資訊。
(III)、生理上呈現不穩定的狀態。

二次大戰中的日本，教科書和學校均教導某一固定的想法、思想，例如「皇國史觀」的理念。而報紙和廣播便根據該統一的想法進行報導。而且呈現出廣大外界中的資訊，無法進入內部的型態。

二次大戰時，整個日本呈現與世隔離的狀態，「奧姆眞理敎」將皈依的信徒自整個社會中隔離。例如：不讓他們自由地收看電視、閱讀報紙。

心理學中，有一種稱爲「游動錯覺」的現象。

亦即，先讓房間裡一片漆黑；再在屋內加上一道微弱的光線。例如點上一炷香，呈現出黑暗中一抹孤單紅光的狀態。

接著，再放入一名受驗者（＝普通人）。

完全漆黑的空間裡，沒有任何知覺所需的線索、輪廓。然後，只讓受驗者看到一抹孤單的紅光。

結果，那火光不久後便開始左右晃動。這種現象稱爲「游動錯覺」。

原本房間裡的電燈是靜止不動的。而它之所以靜止不動，乃是因爲該光線定位於整個輪廓之中。亦即，對照整個輪廓，察覺出它是靜止不動的。

然而，一旦周圍的輪廓消失；原本應該靜止不動的光線，便開始晃動。可見，將受驗者置於毫無輪廓等的狀態中時，原本固定的東西便產生了游離錯覺。

接下來，放進五名受驗者進行同樣的實驗。

其中只有一名是眞正的受驗者，剩餘的四名都是僞裝的受驗者。

首先，一名僞裝的受驗者說：「哇！現在那道光大幅地向右晃動」；剩餘的三名僞裝受驗者也附和道：「眞的！大約向右晃動五公分哦！」等。

之後，進行問卷調查，一般會發現該名眞正的受驗者回答道：「向右晃動」「大幅晃動五公分」等。

也就是說，毫無輪廓等的狀態下，人類的知覺和對事物的判斷會非常地不清楚。在這種狀態下輸入某一固定資訊的話，原本固定的東西看起來就像是左右晃動。亦即，容易接受暗示。

透過各種判斷，會發生類似的現象。因此，爲避免受到詐欺性質之心理控制且能做出正確的判斷；必須不斷地引進更廣泛的外界資訊。

但是，目前各種資訊氾濫充斥，選擇資訊便變得很繁瑣。容易抛開衆多資訊，受到只接受中意資訊的情緒所誘惑；甚至還期盼某人能爲自己篩選資訊。

這時，詐欺性的心理控制便有機可乘。

輸入固定資訊——三層級

接著，說明順序(II)之「輸入固定資訊」。

輸入固定資訊有三層級，分別爲：

(a)、以「思想」的層級輸入。

(b)、以「行動」的層級輸入。

(c)、以「感覺、感情」的層級輸入。

首先，(a)之「思想」層級指某一固定的思想；例如：奧姆眞理敎便不斷強烈主張其思想是正確的。

一九五〇年代，爆發韓戰；朝鮮半島出現了爲數衆多的美軍戰虜。但是，這些戰虜回到祖國（美國）時，有相當多的人已成爲非常頑固的共產主義者。他們不斷主張「共產主義是正確的，美國軍國主義是錯誤的」。於是，「洗腦」的現象才開始受到矚目。

亦即，隔絕外界資訊，階段性且有耐心地將固定的思想輸入腦內。由於沒有其他的判斷基準；因此，便產生了深信「這才是正確的」的現象。

同時，亦有「銘印效果」（imprinting）一詞。這是多種動物，尤其家禽類動物身上特別明顯的學習方式。

在自小雞孵化後的一段特定期間中，凡是看到動物或物體，均深深地烙印在小雞的中樞神經裡。之後當牠看到該對象，便會想向前追趕或靠近。

一般而言，自雞蛋中孵化後，最先看到的對象是母親。因此，小雞會藉由接近、追趕母雞，而受到保護。但是，如果第一次看到的對象不是母雞，而是人類、足球，或伴隨某種動作的物體的話，則「銘印效果」於焉成立。

一旦「銘印效果」成立，則和往常一樣，面對某特定對象便會產生機械化反應。即追趕和接近對方。

「銘印效果」不同於一般的學習，它不容易消失也很難改變對象。心理控制和洗腦的結果，經常類似「銘印效果」。

凡某特定的看法、思想烙印或銘印心頭的話，便不輕易被排除。

「行動」層級之輸入

接著，說明(II)「輸入固定資訊」中之(b)「行動」層級之輸入。

我們經常容易認為先有思想和想法，之後再根據它們採取行動。然而，實際上並非如此，很多時候是先有行動，之後才有思想的。

有一團體叫做「戒酒會」。最近已不太使用酒精中毒一詞，均開始改採酒精依賴症一語。

假設現在有一位酒精依賴症的患者。他自己本身總無法戒酒；雖然心想：「戒酒、戒酒」，卻總是拿起酒來喝。於是這樣 的人，便加入「戒酒會」。

「戒酒會」便採取下列的步驟。

「戒酒會」的會員中，有人還無法完全戒酒；亦即，很難靠自己的力量戒酒。這樣的人對新進會員講述酒類的毒害；他們會熱心地說明酒精如何有害身體和肝臟健康；並且說服新進會員戒酒。

無法藉自己本身的努力戒酒的人，在向新進會員說明：「戒酒吧！酒精是有毒害的。」不久後，自己也能戒酒了。

若是獨自一人想戒酒的話，很難戒得掉。可是，也有在勸告他人戒酒的過程中，自己戒酒的案例。亦即，在拼命對他人說明的「行動」中，「酒精是有毒害的」的想法、思想也深深刻在心上。

最近，以柏青哥依賴症爲首，對賭博的依賴症地增加了。萬一突然戒掉賭博依賴症的話，便會產生斷禁症狀（因禁忌痲醉劑等而引起的犯癮症狀）。

於是，透過向別人說明酒精或賭博的害處，便能夠掙脫此依賴狀態。

同樣的方法，在傳達宗教的布道或某種思想主義時，也時時採用。

例如，某人尚未成爲某宗教的虔誠信徒。這時，又進來了一位新人。

於是，讓這名尚未成爲虔誠教徒的人，對新人說明：「這個宗教眞是好宗教。只要相信它，就會有這樣的好處。」在這一來一往之間，原本不是虔誠教徒的人就會加深其信仰，深深陷入其中。

姑且不論好或壞，這是相當多宗教團體、思想團體、政治團體所採用的方法。「先採取行動」。每個人總有將個人行為合理化的傾向。一旦採取行動，之後便將該行動結果合理化。總認為自己的「行動」是正確的。

婚姻亦同，有的人因某種緣故和一位不一定合意的人結婚。婚後便將該行為合理化。例如想道：「這個人還是有可取之處」「目前為止，還不算不幸」。亦即，先「行動」，再加上自己的「思考」「思想」以便將其合理化。

更極端的例子，則是如奧姆眞理教勒令其信徒捐獻所有財產的「行動」。結果，信徒反而從此無法回頭。如果已經付諸「行動」，捐獻自己所有財產的話；即已無法回頭了。於是只好認為自己所採取的行為正確，並將之合理化。

勒令信徒們捐獻所有財產的「行動」，就某意義而言，是非常有效的洗腦或心理控制的方法。

進一步，像奧姆眞理教採取於地下鐵噴撒沙林毒氣的極端「行動」。如果信徒一旦踏上此一地步的話，便再也無法回頭了。也就是說，除了在奧姆眞理教的世界裡一意前進之外，別無他法。

藉由讓信徒犯下社會規範所不容的「行動」，使其無法再在社會上生存。如此，便只能生存在奧姆眞理教的教條之下。

發起行動，使信徒們進退維谷。

美國社會心理學家費斯汀格（Festinger）提倡「認知上之不協調理論」。

亦即，人類的認知，也就是知覺、判斷、信念、價值觀、態度以及自己所採取的行動等知識，均傾向儘量互不矛盾或保持協調的狀態。

由於有種傾向，因此一旦讓信徒採取某種行動的話；便會配合該「行動」，減少不協調，以改變信徒的思考、感情或信念。

男女關係中，有人提供大把鈔票給對方，以獲取他（她）的歡心和愛；另一方面，也出現了讓對方提供大把鈔票，而獲得對方歡心和愛的人。

提供金錢的一方甚至認爲：「我之所以採取這樣的行動，乃是因爲我愛她。」

結果，卻演變成爲「不是因爲愛她才提供金錢，而是提供金錢後才愛上她」的模式。

聖經上有一句話：「施比受有福。」於是，便出現了在給與中尋求幸福的人。

最後，竟呈現出「不是給與、使人感動，讓人服從；而是一番搶奪後，使人感動、讓人服從」的模式。

「感覺、感情」層級之輸入

接著，說明「輸入固定資訊」中之(C)「感覺、感情」層級之輸入。

事先思考之後，再行動；或者，先「行動」之後，再將「思想」配合「行動」解釋。此外，在感覺・感情的層級中，透過「這好棒喔！」或「這好可怕喔！」的表現，思想・行動便伴隨而來。

例如播放「捨棄本宗教，就會下地獄」的錄影帶。錄影帶是影像媒介，訴求人類的感覺。如此，不斷不斷地重複播放錄影帶。

結果，非常理智型的人，即使剛開始認為：「根本沒有輪迴轉世、不相信有來生，這是作虛弄假的」；但是，在感覺層級中，也難免被人洗腦。結果，便害怕逃離該宗教；因為他們的眼中不斷地閃爍著下地獄的景象。

而且，「感覺、感情」層級之輸入，有時會產生和藥物中毒相同的「閃回現象」（Flash Back）。

所謂閃回，原本是電影用語，即「瞬間鏡頭切換」。亦指瞬間將過去的事物插入某鏡頭流程內的手法。

例如，已停止使用大麻（Marihuana）、ＬＳＤ、梅斯卡林（Mescalin）等藥物，卻因某興奮感而出現和使用藥物時所產生的相同幻視、幻聽之現象，稱爲閃回現象。閃回現象，有時會伴隨不安、恐怖、緊張等情緒。

據說遭受心理壓力、飲酒、集中精神或心情低落時，容易引起閃回現象。

也有一說，認爲閃回現象就是依賴狀況的一種學習。

不斷重複播放錄影帶，最後便會一直一直影響那個人的感覺、感情，甚至行動。

美國哈佛大學心理學者B・F・Skinner教授，進行動物實驗，說明：「針對學習效果而言，給與恐怖感比給與報酬時有效。而且，那種感覺一輩子都無法磨滅」。

另外，也有一種宗教團體會舉行「懺悔儀式」「告白儀式」。每個人都有回想當時，不覺大叫一聲「啊！」的羞愧經驗；於是，才透過儀式完全告白。

例如奧姆眞理敎，據說便是利用某種自白劑，逼迫信徒說出本人不想說的話。

因此，說服別人時，專挑令他羞愧的部份詢問。例如不斷暗示道：「想必你也做過這種羞愧的事情吧！」如此，受到攻擊的一方，心理便會忐忑不安。進而產生罪惡感，於是就會變得容易接受暗示和說服。

有些狂熱（Cult）團體會採用事先進行信徒的身家調查，查出這個人的情緒弱點，進而攻擊的方法。

「狂熱」有「祭禮」或「瘋狂」之意，不過，宗教的狂熱團體大多指：

「一個由擁有超人資質的領袖和一群狂熱信徒所構成的組織，或教養尚未成熟的小教團，最容易引起社會問題，也最容易變成異教徒。」

而「超人的」即是神賜之意，指超人類的且非比尋常的資質。

生理上呈現不穩定的狀態

以上針對順序(II)之「輸入固定資訊」，列舉「思想」「行動」「感覺、感情」三層級說明。接著，提出順序(III)之「生理上呈現不穩定的狀態」說明做為心理控制或洗腦方法的理由。

不論是斷食、限制睡眠、不讓他吃東西或不讓他睡覺；或者讓他停止呼吸以及泡在滾燙的熱水裡，此人的心理都會不穩定。即使是正人君子或心理多麼穩定的人，一旦生理上不舒服，那麼心理自然不穩定。

以前，有一位和尚天天坐禪努力修道，自以爲已經開悟了。心想：「我已經完全開悟了，心情非常穩定。」

但是，不久那位和尚的背部長了一個大腫瘤。近年來，由於抗生物質發達，因此，腫瘤不可能變大。但是，這是以前，因此，和尚的背部長了個根深蒂固的大腫瘤，實在是大大地受苦。

後來，那位和尚臨死前說：「自己長年以來努力坐禪修道，認爲已經開悟了；然而卻承受不住這種痛苦。」

可見，不論心理上多麼穩定的人，有時也難以承受生理上的苦痛。

因此，先給與對方痛苦，使其心理上呈現不穩定的狀態。接著，再植入固定的思想；當一個人心理上不穩定的時候，會變得容易接受暗示。於是，這時便希望能有人爲自己做些事情。

給與生理上的痛苦，對心理控制而言，又有另一項效用。

人類自從和黑猩猩分家後，至今已經過了五百萬年左右。其中，數度受過各種苦痛以及面臨死亡的危險，才輾轉進化爲人類。爲此，當受到持續性痛苦、長時間痛苦時；人類便具有緩和該痛苦的身體功能。

人類的腦部分泌一種類似嗎啡（morphine）的內啡肽（endorphie）麻藥物質。即在腦中生產、製造而成。

也許有人曾經歷下列的情況。

例如：進行馬拉松訓練。

剛開始非常地痛苦。心想：

「跑馬拉松，這麼疲累；身體如此難受。」

可是，每天還是繼續跑馬拉松。

假設跑五百公尺、一千公尺。剛開始跑的時候，即使不斷地訓練，身體仍舊無法進入狀況。但是，跑一千公尺、二千公尺時，漸漸地便會呈現高亢（high）的狀態、恍惚的狀態。於是，跑馬拉松反而會覺得舒服；這就是所謂的Runners' High。有的人爲了體驗這種快感，而沈迷於馬拉松，終究無法自拔。一般認爲此乃是腦中分泌內啡肽所致。

閱讀釋迦牟尼和基督等偉大宗教家的傳記，大多記載他們在固定的時間裡，進行苦修的經歷。也有記載他們藉苦修而開悟的事蹟。如果每天長時間持續苦修的話，腦中便會分泌出某種類似麻藥的物質。

如果是跑馬拉松，就只會呈現高亢的狀態、舒服的狀態。然而，如果持續極度的苦修的話，便會產生奇蹟；例如眼前出現一道白光，感到全身被光線包圍、或者體驗到一種無法形容的恍惚感等等。

這種現象類似於使用麻醉藥LSD，而經歷光輝耀眼的體驗。

這是不斷苦修，致使腦內分泌大量內啡肽所引起的現象。奧姆眞理教，便是命令信徒從事相當殘酷的苦修。

結果，有相當多的信徒表示：「看到一道白光」「全身被光線包圍」。

接著，產生了「承受嚴格的修行，便能開悟。如今，自己已登上蓮台」的錯覺。亦即，心想：「我累積了一般人無法完成的苦行。結果，獲得了美妙的恍惚感，經歷了前所未有的體驗。太好了！我已經開悟了。」

壓力有痛快和不痛快二種；藉由克服不痛快的壓力，才能獲得痛快的壓力。

許多擁有相當高學歷的人，相繼掉入陷阱。在自己經過一番苦修之後，認爲：「這是很棒的體驗，我已經開悟了。這才是眞相，這才是眞理。原來奧姆眞理教所闡釋的教義，都是正確的。」

那便是透過宗教的力量，有生以來首次嘗試的強烈體驗。它不同於書本上所獲得的知識，會伴隨著晃動全身的感動。

以上就是擁有「生理上不舒服」的心理控制者所獲得的二種效用。

一是透過給與生理上的不舒服，使接受心理控制的一方，呈現心理上的不穩定，並且變得容易接受暗示；另一種效用則是體驗恍惚感，並使其誤以爲已經開悟了。

2 心理控制的具體方法

心理控制之六種方法

到此爲止，已區分「(I)隔絕外界資訊」「(II)輸入固定資訊」「(III)生理上呈現不穩定的狀態」三項，說明心理控制的一般順序。

接下來，將說明包含洗腦在內之廣義的心理控制的具體方法。

以下分爲六項說明。

(A)、宗教上的方法

(B)、心理學方面的方法

(C)、CM（廣告）上的方法

(D)、生理學方面的方法

(E)、腦外科方面的方法

(F)、肉體上的方法

奧姆眞理教，便是以組合的型式採用上列各種方法。

宗教上的方法(1)——瑜伽和坐禪

爲了理解奧姆眞理教所採用之心理控制的方法，我們必須了解佛教開發、引進或發展下來的廣義說服技巧的知識。同時，也必須明白心理學上宗教的傳教方法。

奧姆眞理教沙林事件發生之後，多位心理學者和 精神醫學學者相繼發言。但是，其中比較缺乏的是將宗教方法所擁有之廣義的說服技巧和心理控制，一起做詳細的說明。

佛教，自釋迦牟尼開基以來，已有二千年以上的歷史了。這段期間，佛教引進了各種想法、思想和技術；而且還引進了在佛教之前的婆羅門教等的傳統。

所謂的瑜伽派（Yoga）或瑜伽（Yoga）的方法，早在佛教之前的婆羅門教時代便已存在了。甚至還寫了一本關於瑜伽的教典『瑜伽古文獻』。

後來，瑜伽中的某部分成熟並發展成禪宗的坐禪。

那麼，與坐禪相關的瑜伽，又是什麼呢？

那是一種盤腿而坐的形式；先將雙腳腳底朝天花板般盤坐。隨著右腳在上或左腳在上，而有蓮華座和降魔座的區別。

蓮華座一詞，在奧姆眞理教沙林事件中，時常被使用；這不是奧姆眞理教發明的詞句。而是，自古以來存於佛教之中的用語。

盤起雙腳，屏息而坐，自然心情穩定。過了數小時之後，騷動的心靈漸漸地趨於平靜。

佛教中，瑜伽的傳統以坐禪的方式傳承下來。剛開始，瑜伽是在心理唸誦某固定想法的方法；也是集中精神的方法。

之後慢慢發展，於禪宗的坐禪時，達到一種「無念無想」的境界。亦即「什麼也不想」「心情非常穩定」「不受外界的雜音，擾亂心靈平靜」。這就是禪宗坐禪的說法。

但是，原本的瑜伽未必標榜著「無念無想」的境界。

奧姆眞理教，相當深入地闡述原始佛教的意義。原始佛教，有一派稱爲瑜伽派。而瑜伽，就是瑜伽派。

自有婆羅門教時代之『瑜伽古文獻』的瑜伽時代以來，經過佛教的瑜伽時代，發展爲中國的禪宗。

在這個瑜伽派的時代裡，才慢慢形成無念無想的境界。

現今的佛教，經過了無數的洗鍊；禪宗才能達到無念無想的境界，而『般若心經』也才能思考眞空的狀態或體會空空如也的狀態。亦即，意圖藉此掙脫出多煩惱的自我。

然而，原本的原始佛教未必標榜著眞空的狀態。若是奧姆眞理教的話，則組合瑜伽的坐禪，至精神集中時才灌輸固定的思想，而不是無念無想。方法可採錄音的方式。不斷地播放固定的思想給他們聽；或者，不斷地背誦、默唸固定的詞句。

將固定的思想植入呈眞空狀態的腦裡時，則會變得非常容易接收該思想。亦即，呈現放逐多煩惱的自我，採取其他的思想之形式；它意味著煩惱減少，甚至煩惱會消失。

達到無念無想的狀態的是坐禪；但該狀態可說是，易植入特定思想的狀態。因爲，心靈已形成排斥外部資訊的狀態。

宗教上的方法(2)——軟酥法

有一位白隱禪師主張「軟酥法」。

日本江戶時代，有一位名叫白隱的和尙。

白隱年輕時罹患肺結核，當時他的病情很嚴重，幾乎是「隨時會死去」的狀態。白隱發明了「內觀法」或「軟酥法」，也藉此恢復身體健康；於是，他也將此法提供給其他人。

至於何謂「軟酥法」呢？

「軟」是柔軟之意。而「酥」，以現今的詞彙而言，則是起司。

想坐禪就坐禪，或者也可以是躺在床上伸直身體的狀態。在這種情況下，想像頭上頂著軟起司的景象；再來，想像頭上的起司漸漸溶化，流遍全身的狀態。

在現代的心理學用語上，這是一種「想像療法」。

「想像」一詞，在心理學上譯爲「心像」（這和心象不同）。

例如，提到蘋果，我們私下便能聯想蘋果的顏色和形狀。這是蘋果的想像，蘋果的心像。

或者提到富士山，我們私下便能聯想富士山的形態。這便是富士山的想像。一般而言，想像不如看見實物時般清晰。

這種想像聯想力，因人而異。有些人的想像非常鮮明，也有些人的想像模糊，不是那麼清楚。約有五十分之一或百分之一的人，想像非常鮮明。例如，偶爾有些人一想像自家客廳的景象，其影像之清晰，宛如歷歷在目。

想像，在孩提時代大多較清楚。但是，隨著年齡的增加，想像反而漸漸模糊不清了。我們可以透過訓練，加強想像聯想力。

例如：從小就一直學習珠算。結果，珠算初段以上的人，只要動動手指，即可心算出答案。因爲腦中浮現出算盤的影像；亦即，在腦中撥動算珠。

但是，一說到珠算高手是否能夠想像任何事物時，實情未必盡然；他們的想像只限於算盤。由於他們均受過關於珠算的訓練；因此，對算盤的印象非常清晰。

我之前在一家公司服務，那家公司進來了一位新職員，他在大學時代是象棋社的一員副將。

有一次，我找他下棋，說：「請教我一次象棋」；可是，下起棋來一點兒都不像話。我每一次都還沒喊「將軍」時，就已經一敗塗地了。當時，如果我不小心脫口而出：「那時走馬，到底對不對呢？」他立刻便擺出原來的棋局，說：「你在這裡走馬並不好，應該這樣下才對。」

下完一局棋之後，對方立刻能夠將該局面重現棋盤上。一旦成爲五、六段的職業象棋手時，雙方根本不必看棋盤，只要視線朝上，喊道：「紅兵平一進四」，單靠私下聯想的印象，即可決定勝負。其他人也能按照其意移動象棋，一決勝負。他們每一個人都能清楚地聯想棋盤。亦即，透過不斷的訓練，也可以聯想。

運用想像的心理療法，總稱「想像療法」。

「軟酥法」中，須透過訓練，儘量清楚地想像頭上頂著起司的模樣。接著，起司慢慢溶化流向全身；最後，起司的香濃傳遍全身。不斷地重複這種想像，可治療失眠症，甚至是疾病。

俗諺云：「病由氣入」。透過柔軟的想像力，可使心情愉快。

「想像療法」原本是宗教領域中成熟的療法。後來，精神醫學方面，也加以引用。德國謝爾茲（Shultz）學者提倡的自律訓練法等放鬆身體的方法，是受到瑜伽和禪學影響而產生的治療方法。

反正，這一切都是一而再、再而三地讓對方想像；如此，即可能在潛意識裡徹底植入某種想法、某種思想。

如果想像教育是正確的話，尙無所謂。但是，如果目的被扭曲了的話，便有問題。不斷不斷地讓對方想像「做了壞事，死後會下地獄」。結果，該想像便深植心靈；若是這樣而已，那也還好。但是，如果是「逃離本宗教，死後會下地獄」這樣的想像教育的話，事態將變得瘋狂。

宗教上的方法(3)——誦經號和抄寫經文

還有口誦經號或抄寫經文等宗教上的方法。

也就是，不斷口誦「南無阿彌陀佛」或「南無妙法蓮華經」的經號。

「南無阿彌陀佛」中的「南無」，是「皈依」「虔誠信仰」之意。而「南無妙法蓮華經」中的「妙法蓮華經」，由於蓮花在印度被視爲最美麗的花；因此，是「奧妙佛法花之經」的意思。

由此發展爲「請專心一意地唸誦。若口誦經號的話，現世能過得幸福，而來生也能獲得幸福」。

本主張的是非判斷，非常困難。至於純粹科學思考的人，也許有人會認爲「只口誦經號，應該不可能會獲得幸福的」。

閱讀美國等地出版的狂熱宗教相關的書籍時，有時還會展開一番激辯，如「拼命地口誦經號，今生應該不可能會獲得幸福。主張會幸福的是迷信；而主張那種論調的宗教，就是狂熱分子」。

然而，原本大多數的宗教，都包含了非理性的部分。

例如美國有許多基督徒。爲此，阿拉巴馬州等南方各州均立法規定教科書必須明記「進化論有異論」；因爲，「進化論」違背聖經教義。

在不信仰基督教的我們眼中看來，聽聞依據「反進化論法」，判定教師罪行的田納西州議會之說詞後，莫不嘆爲觀止。但是，也不能簡單地認定基督教是密教。不可因爲不理性，就認定它是狂熱宗教。

治癒神經衰弱（神經病），有一「作業療法」之方法。

一旦發生「無法進入志願的大學」或「失戀」等各種事情，每個人都會呈現些微神經衰弱的狀態。這不同於精神分裂症，是任何人都會罹患的疾病。

「作業療法」，簡單地說，就是透過拚命擦拭木板迴廊，或除去庭院裡的雜草等方法的治療。

神經衰弱者，一般而言，是價值觀念過剩。也就是想得太多。例如：腦子裡不斷想著同樣的事情，如「被她甩了，她再也不會回到我的身邊了。但是，我好喜歡她」。光想這些事情，只是浪費時間和精力。想著想著，不但疲累，而且苦悶。如果想累了，最好活動一下身體。活動身體，過著正規的生活，不久之後，即可治癒神經衰弱症。如果是有煩惱沒解決，但卻還有時間胡思亂想的話，不如去洗洗碗盤更棒。

拚命口誦經號，例如唸誦「南無妙法蓮華經、南無妙法蓮華經」，或者抄寫經文，如「法華經」就寫「法華經」。根據日蓮宗的解釋，抄寫經文能積功德。

難道說只有口誦經號，就能獲得幸福嗎？只有抄寫經文，就能感受到眞正的幸福嗎？

口誦經號、抄寫經文，有時也許是一種「作業療法」。

例如爲某事煩惱。如果還有時間煩惱的話，不如拚命口誦經號，說不定還可以自煩惱中得救。也許有的人在抄寫經文的過程中，便自煩惱中解脫；如此一來，更可能會認爲「還是有功德的」。

理智的思考，儘管認爲：只有口誦經號，不可能會得救的；至少今生不可能得救吧！但是，實事上，可能有人會認爲「自己很幸福」。

另外，在不斷口誦固定的詞句、抄寫某句話的行爲中，具有將這詞句深深刻入心裡的功能。亦即，具有排除其他詞句或想法，將固定的詞句和想法刻入心理的功能。

絕望、悲傷的日子裡，心情快要崩潰時，不斷口誦充滿勇氣的詞句，時常可幫助維持心靈的一致、脫離苦境。例如『亂世佳人』的女主角郝思嘉，每當遇到痛苦時，都會低語：「明天又是另一天」（Tomorrow is another day）。

言語具有「鼓勵」自己的力量，也具有安定心靈的力量。

因此，應該也有人將經號視爲鼓勵自己的話語吧！

宗教上的方法(4)——觀

今世，我們有時必須失去一些害怕失去的東西，承受一些難以承受的事物。

有些事物，不論如何怨嘆、悲傷，仍然一去不復返。結果，自己毫無道理地受到身心的煎熬。

目前，我在一所大學服務。前陣子，我收到一封學生家長寫來的信；他們在一次的車禍事故中失去了唯一的兒子。信的內容如下：

「在此謹讓我表達對我兒大介（兒子的名字）的懷念。看在白髮人送黑髮人的悲哀上，敬請原諒。」

而且，還附上以下的文章。

「十一月十六日守靈。十七日告別式。

儘管沒有通知我那些認識你的朋友，也婉謝了公司裡的同事；但是，卻出乎意料之外，有許多朋友特地前來送你一程。出事之後，連日來許多的朋友，莫不在遺體前爲你掬一把同情淚。同時，也收到了許多朋友和前輩們滿懷誠心的信件和電話。

我一直認爲你的性格難以了解，朋友少；但是，一想到這麼多人對你的感情，心理還是很高興。最後，我們確實體會到你的至孝。

※　※　※

今天和媽媽在後院焚燒車上的遺物。由於將遺物交還給我們的○同學，細心周到，使得那些東西毫無沾染血跡；但是，扭曲的鉛筆盒，破碎的CD、整齊的大學課堂上的筆記……這些東西沾附著可能朝你全身攻擊的車窗玻璃碎片。我還被那碎片割傷了左手的食指，流了血。那時，我才發現以後不可能含頤弄孫了。隨即將這個想法告訴媽媽，她竟傷心地離開。

難道是你不甘心嗎？遺物竟難以燒毀；很快地，天黑了。紅紅的火焰既溫暖又燦爛。

和你媽媽二人單獨送你上山之後，那天晚上，媽媽自出事以來，頭一次沈沈入睡。

※　※　※

很多人安慰我們說：『年紀輕輕的，還有一片大好前途……』；然而，我卻想誇獎你努力、精彩地活到二十歲。

你厭惡輕易妥協且執著，乍看之下有些拘謹，爲人敏感，過於察言觀色……情緒一到極限，便爆發開來；增添了許多人的麻煩。

每一次犯錯，我們都會指責你，責備你的孩子氣並強調生存於社會中該遵守的遊戲規則。可是，這次許多朋友告訴了我們你的另一面。

聽說你常透露『乾脆做個不良少年，可能還過得輕鬆一些』；你喜歡費德利哥・費里尼導演的電影；最近深受感動的書是有島武郎的『給小人物』『人生的煩惱』。你還說：『最近，總覺得自己的性格還是像父親。』車上遺留的筆記本也寫道：『爲了加速且安全地馳騁於人生的交叉路』。『且安全地』。我這才明白你好不容易已開始學會和世界妥協的技巧。

我很想讚美你那愈挫愈勇的生活方式。

也許是母子連心吧！媽媽說她總覺得你的壽命不長。連親朋好友都認爲『媽媽太寵愛你了』；但是，她仍舊爲你奉獻一切。我發現近十年來，自己一直對你怒目相向。雖然沒有一腳踢開你，卻深信從谷底爬上來才是成長。即使有一半的行爲是故意的；但是，如今對於過去行事太過講理，不是一位成熟父親的悔恨，與日劇增。

※　　※　　※

好像迫不及待地活完此生似地，你執著追求的到底是什麼呢？媽媽回答我說『是幸福』。沒錯，那並不是什麼大不了的事，只不過是微不足道的、『安詳的』罷了。你喜歡向田邦子小姐、倉本聰先生所描繪的世界裡，每個人都和氣相待、正經努力地生活；這都是極其、極其當然的。卻是現今社會中值得懷念的生活方式……我現在才眞正明白你追尋的就是那種生活。

※　　※　　※

現在，我才眞正感到從出事的那天起，我們的家裡已失去了『笑聲』，也失去了你。冬天已經來臨；我對那微弱但溫柔的陽光，感到一份懷念和謝意。我和媽媽二人在陽光中茫然地想著你，這段時光異常地舒服。我們覺得二人都一起年老了。

可是，我們也不忘你的寄託。那就是向當時坐在你隔壁、宛如陪你一起去世的小學時代以來的唯一好友——岡田功一同學以及他的雙親和妹妹致歉。然而，生命可貴無法替代。爲了這永遠不可能實現的救贖，我們必須努力堅強地活下去。

※　　※　　※

你取名的愛犬『眞吾』，從出事那天起，一連三天不吃任何東西，一直悶悶不樂；但是，如今已經恢復精神了。也許是心理作用吧！現在牠可是一隻『撒嬌的狗』呢！我想牠是打算代替你在我們心中的地位吧！

最後，你的新居決定選在『橫濱墓園』。那是以前從家裡沿著山坡，帶著你和眞吾三人一起散步的墓園。好好安息。只要不醒來，就不會感到疲累。有朝一日，我們也會死去；在那一天來臨之前，請安息吧！

一九九四年十二月

鈴木肇　朋子」

這封信的字裡行間，傳達者父母深深的悲傷。

大學裡有許多學生。爲此，我每年都會收到因車禍喪生的訃文。思及父母的悲哀，我無時無刻不提醒學生們小心。

佛敎中有一敎義，是關於如何看待事物。亦即，敎授「觀」。有一部『般若心經』。「般若」乃「智慧」之意。唸誦『般若心經』；例如「色即是空、空即是色」等。「色」，雖然寫成色；但卻不是單純色情的色，而是指世上一切有形的事物。「世上凡是有形、有色的，即是空。也就是空空如也。」

「一切的事物，都是因緣際會憑空產生的」

「一切是空，空即是一切。」

這些想法接近現代物理學上的思考。

「觀一切是空」。這非常接近禪宗的「無念無想」境界。可見，佛教在悠久的歷史中，經過洗鍊漸漸地變得無色透明。

世上一切均是空。

有悲傷、非常悲傷；或有痛苦。

達觀一切均是空，才能緩和悲傷。透過某種事物的看法，即可緩和悲傷和痛苦。

生病時，我們會感到疼痛和苦悶。一想到疼痛和苦悶，就會更加疼痛、苦悶。如果只是不斷專心地唸誦「般若心經」的話，則認定疼痛和苦悶皆空的一刻，遲早會來臨。

我舉另一個例子。

有一部『涅槃經』；釋迦牟尼之死，稱爲涅槃。

『涅槃經』中有「偈」；而「偈」是「詩句」之意，亦即指經文中出現的詩句。

『涅槃經』中出現的詩句如下：

諸行無常　（世上沒有永恆）。

是生滅法　（這是生滅的定律）。

生滅滅已　（超越生滅的關卡），

寂滅爲樂　（才能享受寂滅之樂）。

前陣子，我家飼養的貓死於車禍。連貓兒的死，我都會感到非常悲傷。直到前天，仍舊活蹦亂跳的貓兒竟然死了。這對兒子來說，似乎是相當大的打擊。

遇到這種情況，我們應該面對現實。那麼寵愛的小動物，毫無理由地突然死去，是非常沒有道理的。就算不斷詢問道：爲什麼？答案都是牠不會回來了。即使能夠理智說明，心痛也無法消失。

這時，必須採取某種事物的看法。生滅滅已，寂滅爲樂。超越生滅之處，存有寧靜的幸福；這也是一種看法。如此，活下來的我們，心靈才能獲得安慰。貓兒死去，是客觀的事實；也是無可奈何的。

接著，談談我們的看法。

貓兒雖然已入土爲安了；但是，也許那兒有著一種靜謐的樂趣吧！經過這樣的看法，我們的心靈才能獲得安慰。

有時理性思考，卻得不到認同。但是，透過某種事物的看法，心情可能變得輕鬆一些。

「理論療法」和「認知療法」

心理學上有一種「理論療法」。是美國一位名叫艾里斯的人所發明的。

平常，我們被許多煩惱所困。

藉一些信念（Belief）而感到悲傷和痛苦。這是改變成為前提的思考（Belief），即可自煩惱中得救的方法。

例如：在公司裡，自己是一名窗邊族。

「我被公司排除、疏遠，而成了一名窗邊族。」

如果這樣認為的話，就會成為煩惱的原因。

但是，有時改變事物的看法，例如：

「公司每個月仍舊付給窗邊族薪水，這是非常難得的一件事。別人努力工作，而公司卻給我時間用功。我應該藉這個機會，收集各種資料，取得某項資格，好好用功。」

也能自煩惱中獲救。

我們總為了某種信念而自尋煩惱。稍微改變看法，可擺脫煩惱，乃是艾里斯的「理論療法」。「改變事物的看法」，也稱為體系化的療法。

有時，我們的信念是錯誤的；有時，我們會受錯誤的信念所困，而遭受不幸與煩惱。可是，有時並不一定會因錯誤的信念而苦。

例如「貓兒死了」，是客觀的事實。那對自己是一項打擊。

這時改變一下事物的看法，貓兒死了，既然是客觀的事實，那就這樣吧！

這種情況下，如果能理性思考、改變事物的看法、改變接受的態度，有時可減輕自己的煩惱。

事物的看法，亦即改變「觀」，可減輕心靈的痛苦。

佛教將「觀」帶入「無念無想」或「空」的境界。以這種形式，改變「觀」。

如果藉由口誦『般若心經』而能擺脫煩惱的話，便相當接近成爲自我治癒心靈煩惱的自我心理顧問。

宗教所擁有的自我心理顧問的要素，會消除人們的煩惱；因此，每個有煩惱的人都會皈依宗教，服從宗教。

宗教所開發的方法，也有相當多的部分可透過現代心理學說明。

這種方法，可能遭到許多狂熱團體濫用。

例如以下的想法：

「這個世界是空虛的。而我在這個世界上受苦；這個世界是個錯誤。因此，消滅它吧！」

或是，以下的想法：

「只有自己信仰的宗教，才是眞正的眞理。這個世界，包括自己在內，是空虛的。每個人爲了自己信仰的宗教、眞理，應該奉獻身心。爲了自己所信仰的宗教，拿性命做賭注；即使違反這個世界的規則，也在所不惜。」

或者，認定對方因不幸引起心理上的不穩定，而加以說服。

「你之所以不幸，乃是因爲前世做了這樣的壞事所致。或因爲你前四代的祖先做了如此這般的事所致。不幸必有其原因。現在，我們的宗教能夠一一詳細地說明不幸的原因；所以，請您改變對事物的看法（觀）。根據我們那熟知因果理論的宗教見解，您可以掙脫悲傷，獲得一股新的力量。」

如此說服悲痛不已或病急亂求醫的人。然而，也不是憑空替他消除哀傷，其代價是吸取對方高額的布施。有些人認爲只要能消除悲傷、痛苦，即使投入所有的財產，也不覺得可惜。如果認同且布施所有財產的話，那便是一種宗教行爲。

或者，只要對方承諾可使自己脫離悲傷和痛苦的話，不論多麼危險的行爲，也願意獻身從事。

有的人過於悲傷、痛苦，以致於只想到自己，他們根本不在乎「是否會帶給別人麻煩？」的行爲，以及「一廂情願、自私自利」的行爲。

和理論療法類似的，有「認知療法」。由美國亞倫・貝克（Aron T・Beck）所提倡。以「憂鬱症」的治療爲主。

貝克長期研究憂鬱症病患的夢境，後來，發現憂鬱症病患的夢，大多是悲觀的內容。他關注於悲觀的認知與憂鬱症之間的關係，闡明了經過改變非理智的、悲觀的認知，即可治療憂鬱症。

呈「憂鬱」模式的人，容易陷入「零合」「完全不行」「咎由自取」等負面的思考。貝克依序徹底地矯正這種負面的思考。

心理學方面的方法(1)——行動療法

如前所述，宗教上的方法中，有許多部份可由心理學的層面說明。以下，列舉主要是心理學方法的心理控制方法。

心理學方面的方法很多。首先，提到「行動療法」。

這是根據「條件反射理論」的療法。

條件反射理論，由俄國帕博諾夫（Pavlov）所發明。例如：不厭其煩地在每次餵狗之前，先響鈴。如此重複先響鈴、再餵食的動作；不久後，只要再次鈴響但不餵食的話，狗兒自然會流出口水。這即是簡單的條件反射。

人類有許多行動，也是透過條件反射而成立的。

例如，坐在汽車駕駛座旁的位子。眼看自己所乘坐的汽車快撞上某物時，即使自己坐在駕駛座旁，也會不由得用力踩煞車。這就是條件反射。

我們每一個人都被賦與遇到快撞車時，會踩煞車的條件。因此，即使坐在駕駛座旁，仍會用力地踩煞車。

棒球選手，不斷練習眼見球飛來便牢牢接住，並判斷該投向一壘或二壘。到後來，只要接住了球的那一瞬間，幾乎會反射性地正確地投出。那即是經過訓練而具備的條件反射。

將此用於心理療法。例如，有一個拒絕上學的小孩。這個小孩說：「討厭上學」。爲了矯正這種行爲，可使用「行動療法」。

這個小孩有學校、也有自己的家。只是，不能走到學校上課。這便須要根據行動療法，仔細地排定程序表。

例如：今天只讓他穿著制服和背書包。明天就讓他走到大門口。隔天再讓他走到街角的紅綠燈處。再隔天，就讓他走到上學的途中。再隔天，帶著他走到校門口之後，就帶他回家。

依照程序表，讓孩子一項一項確實地完成。最後，他就可以上學了。仔細地排定程序表，每一個階段均賦與它條件反射性的條件，而使他能夠上學。這就是行動療法。

如果加以濫用的話，可利用「行動療法」式的方法，使人犯下殺人的勾當。奧姆眞理教，便是一例。

司馬遷所寫的『史記』「匈奴傳」中，有以下的記載：匈奴是位於中國北方的騎馬遊牧民族。

匈奴的頭曼單于（單于乃指君主）的太子，名叫冒頓。

頭曼單于在寵愛的女妃爲他生下么兒之後，便想廢冒頓，重新立么兒爲太子。於是，便派冒頓當人質，出使西方月氏國。冒頓當了人質之後，父親頭曼單于便舉兵襲擊月氏國；因此，月氏便想殺了人質冒頓。幸好，冒頓偸了一匹良驥，策馬逃回來。

頭曼受其英勇感動；於是，命冒頓擔任領導萬軍的將軍。

此後，冒頓努力製造帶鏑的箭（會發出聲音的箭），訓練部屬騎射。

他宣稱道：「各位得舉箭射擊我用鏑箭射中的目標。未舉箭射擊者，處斬。」

出外狩獵時，凡未舉箭射擊鏑箭射中的目標者，均立刻處斬。

不久，冒頓以鏑箭射中自己的良馬。左右護衛中，有人躊躇不前而未射擊；冒頓立刻處決猶豫的人。

接著，冒頓又以鏑箭射中自己的愛妾。左右護衛中，有人害怕而不敢射箭。冒頓便又立刻處決了那些人。

之後不久，冒頓利用出外狩獵的機會，以鏑箭射中父親頭曼單于的良馬；這時，左右護衛莫不紛紛效法。

一段時間後，他跟隨父親頭曼單于出外狩獵，冒頓便以鏑箭射中頭曼單于；左右護衛又再度紛紛射向頭曼單于。

如此，冒頓殺害了自己的父親、繼母和異母的兄弟，自立爲單于。

匈奴，在冒頓單于時代，是全盛時期。擊敗了漢高祖（劉邦）的軍隊，使漢朝承諾每年向匈奴進貢物品。

在此，有計劃且仔細地排定程序表，意外地，竟和「行動療法」的手續非常類似。

心理學方面的方法(2)——賦活療法

「賦活療法」是法國傑諾（Jane）提倡的方法。

例如：面臨生死攸關的時刻，有時以往所潛藏的能量，便會迅速地呈現出來。

英國有一位著名作家葛雷・格林（Gream・green）。葛雷・格林有以下的事蹟。

格林年輕時，做任何事情都無精打彩地，完全提不起幹勁。他認為活著沒什麼意義。

有一次，他想：那麼，自殺算了，便連接俄羅斯輪盤做賭注。於是，只要連發式手槍裡掉入一枚子彈，就立刻扣上板機。

假若不湊巧，輪盤轉到有子彈的那一格的話，就死定了。但是，如果轉到沒有子彈的那一格，手槍就只發出「咔嚓！」一聲，而不會死。這時，他突然精神飽滿，幹勁十足，最後終於成為一位了不起的作家。

這到底是怎麼一回事呢？

每個人都擁有一份潛藏的能量。可是，有些人即使想利用幫浦引水或引出能量，也很難順利進行。但是，能量卻可能因某種打擊而爆發出來。

或者，可說是各種反應在危險的時刻，受到活性化。

稍早以前，曾發生一起「戶塚遊艇學園事件」。

有一位遊艇界的大亨戶塚宏先生，曾成立了一所遊艇學園。這所學園專門招收拒絕上學的小孩以及遭受家庭暴力的孩童。他們讓孩子們搭乘遊艇，面臨生死的關頭。

結果，戲劇性地竟能改善孩子們拒絕上學的情況。

但是，問題在於治療的過程中，有數名孩童喪生。最後，判決戶塚先生有罪。但是，戶塚先生表示：「我自己不認爲錯了」。於是，整理自己的信念，寫成了一本書。

他表示：「實際上，這個世界上有這麼多拒絕上學的孩子，眞不知道這些心理學家和教育學家，他們在做什麼?他們什麼也沒有解決，不是嗎?但是，我的學園裡，這些情況都改善了。的確，我也受到批判;然而，另一方面，也有許多感謝我的家長。由於家庭暴力等的影響，一個家庭幾乎瀕臨破裂的危機，很多父母血淚交織地訴說:『請你無論如何來管教、鍛鍊我的孩子。』社會輿論攻擊我，沒有關係;可是，世界上的矛盾什麼也沒有獲得解決。不正視現實，只想到美好的一面，都是空論。」

的確，透過賦活療法的方法，有時會戲劇性地治療成功。只是，戶塚先生所採取的方式過於魯莽，管理不周才是問題的所在。結果，爲了解救一、二十個小孩，難免不得不犧牲一、二人。

一旦某宗敎團體採行不當的賦活療法，有時以往的精神衰弱性煩惱，也會一掃而空;甚至能夠解決包含拒絕上學、家庭暴力、暴走族行爲等，自己和家人均無法解決而產生困擾的問題。有時，還可以治好氣喘等疾病。於是，受治癒的人便認爲：「問題戲劇性地獲得了解決；我已經頓悟了，這個宗教才是正確的。」

被視爲可利用於心理控制的心理學方面的方法，非常地多。

關於心理學方面的各種方法，容後於本章「3」中再次詳細說明。

CM上的方法(1)——利用俊男美女的方法

接著，說明「CM上的方法」。

「CM上的方法」，是將廣告上所使用的方法，用於宗教的傳敎等上的方法。

利用「俊男、美女」。利用大衆媒體於傳敎上。

我們一般人，都難以抗拒俊男、美女。認爲俊男、美女所說的話，都是正確的。至少，對他（她）們都存有好感。

相反地，我們都認爲惡魔帶著一張可怕的臉孔。

但是，內容和形式不一定一致。俊男、美女中也有惡魔。或者，有的人長得其貌不揚，卻有一副菩薩心腸。

我們容易被外表和容貌所蒙騙。

電視的廣告中，就頻頻使用「俊男、美女」牌。

例如宗敎團體等，也時常推出俊男、美女、演員、女星或名人牌。而被稱爲

「○○是××宗教團體的活廣告」的演員或女星，也不在少數。

即使是名人，有的人爲了錢也願意出借姓名。

我曾收到宗教相關雜誌等的邀稿，題目和宗教毫無直接的關係，至於稿費，一般而言還算不錯。這端視委託人而定；但是，以爲作爲職業的人，毋寧是礙於情面而首肯的人較多吧！

而利用大衆媒體的話，可能有的人會認爲「既然出現在電視上，應該是正確的」「既然敢在電視上發表義正嚴辭的言論，想必已經領會了某種眞理吧！」「白紙黑字，值得信賴」。

CM上的方法(2)——象徵標誌的方法

連公司行號都會統一固定的語標「logotype」（以獨特的字體，設計表示公司名稱、商品名稱等）和顏色，並稱之爲「（Cooperate identity（CI））」；或者改變公司名稱，以便更容易在社會上脫穎而出。

Cooperate identity，主要是指謀求公司個性的明確化、統一化，加深公司內外印象的組織性活動。

使用象徵標誌的方法，起初廣受德國納粹利用。當時，反萬字形（德語Hakenkreuz）、鉤十字形（卐）到處可見。兵器當然不消說，連日用品都附上這樣的標誌。亦即，反萬字形的記號如洪水般地侵襲人們。

反萬字形象徵納粹。人們感覺受到納粹的包圍，而且，每個人都漸漸地習慣那個象徵標誌，也開始朝同化的方向前進。

二次大戰之後，這種作風也受到可口可樂公司大量使用。

不論上山或下海，隨處可見可口可樂標誌的氾濫。結果，每個人都會產生喝清涼飲料，就得喝可口可樂的錯覺。

我們經常可以看見穿著華麗可口可樂圖案制服的工作人員，穿梭各地的景象。但是，我們卻做不來同樣的事情。

我目前任教於產能大學；然而，就算要我穿著爲大學宣傳而印有「產能大學」字樣的西裝，我一點也無法模仿；但是，可口可樂的工作人員仍舊能如此穿梭各地。

奧姆眞理教中，也是穿著獨特的服裝，使用特殊的用語；也多使用原始佛教的詞彙；甚至還使用Prussia這樣的語標。

服裝和語彙，在組織內部會產生同夥意識及帶來團結；同時，亦具有對外突顯個性和獨自性的作用。

奧姆眞理敎獨特的服裝等，剛開始帶給人們異樣和格格不入的感覺；但是，不久，也有年輕人認爲它「好帥」！

至於德國納粹的軍服，也在宣傳部長的設計發揮其獨特的品味，並帶來某種英挺帥勁的感覺。甚至二次大戰時，還造成一股陸軍裝（Military Look）的風潮；而日本陸軍軍服太過俗氣，根本登不上流行的殿堂。

生理學方面的方法

這是讓病患服用藥物、順向精神劑的方法。例如憂鬱症，那是一種心情陷入低潮的疾病。可是，有些藥物對治療憂鬱症非常有效；令人感到詫異的是，只要服用些許的藥，效果就能這麼好嗎？原本低落的心情，立刻就變得快樂起來。不管使用這種藥物或顯現幻覺的藥劑、梅斯卡林或ＬＳＤ等，甚至利用告白劑，都能全數打聽出本人心中慚愧的事情。

抗不安劑和抗抑鬱藥等，會促進或抑制腦內荷爾蒙等（神經傳達物質）的分泌。些許的抗不安劑和抗抑鬱藥，能宛如煙消霧散般地消除不安的心情，使低落的情緒變得開朗。最後幾乎讓人認爲，人類的「心」是指腦內荷爾蒙分泌的狀態。

藥物可改變心態。如果藥物可使病患踏出憂鬱狀態的話，之後，大多可靠自己的力量逐漸恢復健康。

宗教團體的組織內設置醫生，只要配處這種藥物，信徒們便會誤以爲託宗教之賜，才能改善心靈的狀態。

梅斯卡林，是一種取自仙人掌的藥物，原本用於墨西哥和美國印地安人的宗教儀式；它具有產生色彩幻覺，暫時失去感覺的作用。

而LSD則是製自裸麥中的麥角（由麥角菌製成，看似麥穗上長角。長一～二公分）。具有強力的幻覺作用。

另外，進行宗教上的苦修時，腦內會產生內啡肽等腦內荷爾蒙狀物質，這一點之前已提到過。內啡肽具有近似嗎啡的作用。

只要服用嗎啡，就能輕易地蘊釀出和苦修結果所得的類似情緒。於是，宗教團體便給嗎啡服用。內啡肽是有益身體健康的荷爾蒙，但是，嗎啡卻具有中毒作用。嗎啡，精製於由罌粟中粹取的鴉片。

腦外科方面的方法

屬於腦外科方面的方法有「額葉白質切除術」（lobotomy）；這是開刀切除腦部前頭葉的某部分神經的手術。

據說額葉白質切除術，並不怎麼困難。

例如對無理取鬧的精神病患者，進行額葉白質切除術。結果，一向無理取鬧的患者，變得溫馴且不再暴躁。這個效果不錯，短期間還廣受利用。

但是，不久即發現有問題。亦即，產生無力感之副作用。而且患者開始渾渾噩噩地過日子，也無法訂定計劃。前頭葉似乎和訂定計劃有關，一旦切斷該處的神經，雖然會變得溫馴，卻也會產生無力感。為此，認定額葉白質切除術有弊害，但是，現在幾乎不受採用。

只是，一旦進行額葉白質切除術，原本暴躁、無理取鬧的人就會變得溫馴。所以，如果對進入某宗教卻暴躁地表示：「這個宗教是騙人」的人，進行額葉白質切除術的話，他的個性可能會變得溫馴。

腦外科方面的方法，還有冰凍腦的一部份的方法。

它可能採取以下的方法。

把老鼠關進箱中，再裝上把手；只要老鼠按下把手，就會送出飼料。利用這項裝置，可以提供老鼠按下把手的條件，並訓練牠。

在老鼠的腦內裝入電極。一旦給與老鼠電力的刺激，老鼠的腦部便會有感覺快感的部位（場所）；或者，給與刺激，會有感覺痛苦的腦部部位。

除去飼料，以植入腦內的電極給與腦部刺激。只要牠正確地按下把手，就會給老鼠的腦部帶來快感。如此，可以帶給老鼠與餵食同樣的先決條件。於是，老鼠爲了獲得快感，便會按下把手。

至於人類，根據路易吉安那大學精神科教授羅勃・希斯（Robert・Hees）的研究指出，插入電極，刺激頭腦某部分（中隔領域），會感到「心情舒暢」。據說其中一名精神病患，一小時之內竟連續按壓電力刺激用的按鈕達四百次之多，故被稱爲「快樂的按鈕人」。

如之前於生理學方面的方法一項中所述，某種藥物會對腦部產生作用，時而解除痛苦、時而給與幸福感；或者，反帶給人們憂鬱感。可見，在某種程度上，可以賦與藥物治療一些條件。例如奧姆眞理敎也採用藥物。

另外，有一種電擊腦部的方法；只是，這該算是生理學方面的方法，或是腦外科方面的方法？實在難以分類。這種方法，奧姆眞理敎也採用。然而，奧姆眞理敎主要是爲了消除記憶，而採用施行電擊的方法。

電擊療法，原本是以精神病的治療法而推出的；在太陽穴上放置電極，通過高壓電流，最後受到衝擊。

甚至有病例顯示，只透過一次電擊便完全治癒嚴重的憂鬱症；如此，發揮戲劇性的效果。只是，等到接受數度電擊的人死亡之後，解剖驗屍才得知腦部的表面出現點點血跡；此報告顯示腦部會出現損傷。

另外，電擊療法會帶給患者痛苦。由於接受電擊時，唯恐病患咬舌；因此，口中放入綁上紗布的湯匙，讓患者咬住之後，給與電擊。有時也在施打痲醉藥後，給與電擊。

肉體上的方法

「肉體上的方法」是施加暴力、嚴加拷問等給與肉體痛苦，使其服從的方法。

透過戰時所做的研究；實際上，開發了各種方法。

爲使間諜或政治犯等坦誠秘密，於是，開發了給與連思想堅定的人都無法承受的極端痛苦之方法。

日本戰時所採用的比較簡單的方法，如下：

先捆綁嫌犯，以竹刀徹底地鞭打。若暈死過去的話，便潑水使其清醒後，再鞭打。據說光只有這樣，思想堅定的人還是忍受得住。

待過了一晚，全身腫痛，又再度鞭打全身。據說這種痛苦難以形容。不論思想多麼堅定的人，都無法忍受這種痛苦。

人類本是擁有承受不住極度痛苦的臭皮囊——肉體。

國家必須具備完善的制度，以免不法暴力大行其道。

倘若社會公權力不彰，則容易產生秩序脫軌或狂飆的現象，而且也容易擴張黑暗面。

不管是國家本身成爲黑洞，或是國家內部存有黑洞，凡帶給肉體痛苦的方法，就是洗腦的副產品。

因此，市民必須努力保證思想或自由的判斷，免於受肉體痛苦所扭曲的權利。

快感物質、痛苦物質所引起的條件

針對以上各種方法，讓我們從別的觀點來思考一下吧！

最近，發現頭腦活動時，各種腦內物質均參與其中。

這種腦部物質，一般稱爲荷爾蒙。是位於神經細胞和神經細胞之間，扮演傳遞資訊角色的物質。

主要的腦內荷爾蒙，如下：

(1) **腎上腺素** 於恐怖和驚慌時分泌。具有收縮血管、提高血壓的作用；又擁有刺激人類，使其活性化的力量。人類有時會因感到恐怖，而變得勇敢。

(2) **去甲腎上腺素** 憤怒、緊張、意識到戰鬥開始時分泌。具收縮血管的作用，也是活力的泉源。具攻擊性且成就意欲強、活動力的人，偶爾會罹患心臟病。例如新進黨的小澤一郎和俄羅斯的葉爾欽總統，即是一例。心臟病似乎和去甲腎上腺素的分泌有關。

(3) **多巴胺（dopamine）**　於積極工作或用功時分泌。會產生快感、發揮創造性。屬腦內興奮物質。

(4) **腦內嗎啡狀物質**　一九七五年，英國阿巴汀大學的約翰・修治（John・Huge）等人，發現腦內能製造嗎啡狀荷爾蒙。之後，約發現二十種，但是，每一種的分子構造都和嗎啡類似。同時，也類似禁藥，總稱禁藥狀物質。但是，腦內嗎啡狀物質沒有依賴性和副作用。腦內嗎啡狀物質，會帶來強烈的快感。據說具代表性的β－內腓肽，其鎮痛效果約為嗎啡的一百倍。腦內嗎啡，又具有緩和壓力的作用；至於β－內腓肽則是精神壓力的緩和劑。

強調腦內嗎啡狀物質的藥效的健康書——『腦內革命』，最近成為暢銷書。

這本書中的腦內嗎啡論，受到各界批評為不正確、缺乏科學根據。但是，其強調「飲食」「運動」「冥想」的重要性之處，做為健康書，是有某種意義的。一般的健康書，不可能深入提及「冥想」；然而，為了身心的健康，「冥想」也很重要。「飲食」「運動」「冥想」必須保持均衡。即使不深入「冥想」，也必須放鬆身心。

對筆者而言，強調「飲食」「運動」「冥想」的均衡，才是重要的。而腦內嗎啡論，並非原本的研究對象，而是自我強調之健康法的「說明概念」。結果，反而讓人覺得是科學上的不正確，而受到批評。

「冥想」爲何對身心有益?原本不能說「科學的根據」能充分說明。「冥想」的方法，記載於精神醫學方面的教科書和辭典上；但是由於在實際的經驗上有效，所以才被採用。

也可說是，筆者除身體健康之外，也強調心理健康的重要性。

若要說得更極端些，「腎上腺素」可視爲「痛苦物質」；「多巴胺」「腦內嗎啡狀物質」等，則可視爲「快感物質」。

至於坐禪，採用軟酥法等想像療法、口誦經號、抄寫經文、改變「觀」、進行作業療法、接受理論療法等方法，都可說是停止分泌「痛苦物質」的方法。

一旦開始分泌「痛苦物質」，就很難只靠自我意志來中止它。於是，便需要停止分泌「痛苦物質」的「手法」。

每個人都想避免痛苦，獲得快感。

假如宗教能夠操縱「痛苦物質」的分泌和「快感物質」的分泌；那麼，對人類也可採用透過電極的刺激，與帶給老鼠腦部痛苦和快感完全相同的操作。

承受痛苦和緊張，會分泌去甲腎上腺素。但是，若一直承受且超出某階段的話，便會分泌腦內嗎啡狀物質。於是，產生痛苦轉變爲快感的情況。

例如：求學。初期學習的階段，很辛苦、苦悶。會心想：爲什麼要求學呢？但是，跨越某個階段、頭腦習慣並慢慢地理解之後，就變得有趣多了。而且，還會有一股快感、能獲得成果，快樂得不得了。

例如：運動。起初會很辛苦、痛苦。但是，不久之後，身體習慣了，就能隨心所欲地活動。痛苦漸漸地轉變爲樂趣，最後，乃變成不運動就受不了。

又例如：修行和坐禪。起初會雙腳麻痺、身體酸痛。心想：到底爲什麼？但是不久之後，身體習慣了、心情平靜多了，精神上的煩惱也自痛苦中解脫。於是，修行變成了一種樂趣。

這些例子，在結構上都是一樣的。

宗教上的方法，有時被視爲是開發急進且強力地分泌腦內嗎啡狀物質的方法。在極限的修行盡頭，有一個不可思議的「快感」世界。初次體驗的人，會覺得驚訝、詫異，最後，想進一步委身於該「快感」。

但是，這個「快感」不一定會給自己和社會帶來生產性。

對修行感到痛苦的人，全身會暴露在大量的內啡肽、去甲腎上腺素之下，很危險。

只有想修行的人，才能到達「快感」的世界。但是，如果認爲只達到「快感」，就是開悟的話；便是一廂情願的想法。禪學提醒信徒勿唸野狐禪，因其境地又稱魔境。

馬克斯說：「宗教是鴉片。」假如透過修行，就能分泌精製自鴉片的類似嗎啡之物質的話，馬克斯所言可說漸漸獲得唯物論上某程度的肯定了。

只要快樂就好，未免也太愛自己了。

在克服煩惱和痛苦之後，需要有對自己和社會帶來生產性的視點。而這種視點來自「教育」。例如「快樂地學習」「快樂地工作」。必須藉此尋找能解救自己、改善社會的方法。

初期的佛教，在王家貴族或富豪們的經濟援助之下，專心從事學問和冥想。佛教的流派，不久即成爲小乘（惡劣的交通工具）之教義，而受到批判。之後，大乘佛教便興起。

「爲學習小乘教義，僧侶必須進入僧院，專心修行、學習教義。

也許耽溺冥想，本身也可以達到領悟的境地。

但是，那只是獨自一人享受領悟的境地。這和獨自一人喝酒微醺陶然的感覺，又有何不同？僧侶們追求知識和智慧、誇耀、享樂。但是，僧院外的在家衆們卻被遺忘了。

小乘教義，不就是利己主義的教義嗎？它脫離了教祖釋迦牟尼的教義。釋迦牟尼強調並付諸實踐的大慈悲心所囊括的社會教化和服務活動，均被遺忘了。」

另一方面，大乘佛教的目的是拯救多數人，而不是自我的完成。其意為能使大多數人搭乘的大型交通工具，稱為大乘。

奧姆眞理教標榜原始佛教，可說是以更極端的形式表現出所謂小乘教義之一廂情願的缺點。

一到印度，瑜伽的行者中，在修行的結果，隨時能釋放「腦內嗎啡狀物質」的人，比比皆是。可見，只有解脫或開悟，並沒什麼了不起的。

問題在於該將解脫或開悟，用於何處。

總是需要社會性

未來，人類能夠親手將「腦內嗎啡狀物質」化學合成的日子，不遠了。

將來，只要服用那帖藥，我們便可獲得幸福。也能獲得心靈的穩定。更可自悲傷、痛苦、恐懼和不安中解脫。雖然它是禁藥性物質，但是卻沒有依賴性（習慣性）和副作用。

假定有一個人終其一生服用這種藥物，在說了我很快樂之後死去，我們能夠尊敬他嗎？我們會認為那是有意義的生活方式嗎？

如果只是開悟或解脫的人，那麼也只不過是可以在腦內自在地分泌「腦內嗎啡狀物質」罷了。這和服用「腦內嗎啡狀物質」的藥劑，沒什麼兩樣。

開悟和解脫，務必經由將之傳達給他人，使他人自不幸、悲傷、痛苦的境地中脫離，才有意義。

回溯我們十、二十代之前的祖先，大多數人的祖先應該有各種各樣的人吧！

有的人近乎天才，有的人能力極差。有的人常識豐富，有的人是精神病患者。有的人正直，有的人欺騙。有的人禁慾，有的人好色。

我們每個人都接受了那些人的各種遺傳因子，如今才能存在於此。而我們就是過去大量遺傳因子的環節之一。

因此，每個人都具有不同且獨特的個性。

每個人都必須不斷地自問：

「我，到底爲什麼來到世上？」

並且必須追求能使自己的個性，爲自己和他人帶來幸福的方法。只要追求這種方法，應該就能獲得幸福吧！

不要認爲人生的目的來自於他人，應該思考自己的個性，自己去尋找。到時候，即使感到痛苦、悲傷或充滿煩惱，也應該設法追求能帶給自己和他人幸福的方法。

如果爲了使自己脫離不幸而犧牲他人，則他人就會嚐到和你一樣的不幸。而下一次，當別人要脫離那不幸時，就會犧牲你……。

可見開悟和解脫之後，總是需要社會性。而那社會性便是得自「教育」。

現代，不管是個人電腦、柏青哥、休閒活動或某研究工作，都開發了許多可以躲在自我世界裡追尋樂趣的方法。開發多種方法，在更容易發揮個性的含義上，是很理想的。

但是，這種樂趣容易變成象牙塔（居家型），容易獨善其身，容易縱向深深地挖掘一人用的壕洞。

如果深深陷入該樂趣之中的話，還是能夠分泌「腦內嗎啡狀的物質」。

但是，有的人爲了自己的樂趣，而忽略了其他人的不幸。

曾經有一個人表示：「想吃女人的肉」；於是，爲了自己的快樂，眞的殺害女人並吃了她。我讀了那個人所寫的書，書中全寫著「好吃」「好吃」「好不容易滿足了我那夢寐以求的願望」之類的話。完全缺乏對受害者的痛苦，受害女性家屬悲傷的共鳴。

有一名青年以收集殘酷錄影帶爲嗜好；他甚至出版以收集錄影帶爲目的的同人雜誌。但是，這個人後來走火入魔，最後成爲一名收集狂，而且還無視於周遭的人。後來，發生了一起綁架數名可愛女童並加以殺害的事件。各界均懷疑他是爲了製作世上獨一無二的殘酷錄影帶，而犯下這些罪行。

不論是爲了脫離不幸或痛苦，或者爲了快樂，如果只追求能夠分泌「腦內嗎啡狀物質」的話，還不夠。因爲這個人的「觀」有缺陷。

爲磨練自己的個性，不斷地修練。修練的目的，是以某種形式，帶給自己和社會幸福。而修練的結果，應該是能夠分泌「腦內嗎啡狀物質」。

修練的目標，必須有社會性。我認爲此事的意識化或教育，今後會越來越重要。

3 心理學方面的各種方法

消除煩惱

我們每一個人多多少少都有一些煩惱。而且，很想得到好的傾吐對象和商量對象。傾聽對方的話，正符合對方的心理。

好的傾吐對象，會消除人們心靈的煩惱，使人們的心靈自由、煥然一新。

最近，考試競爭之下，販賣家庭自學用的昂貴學習機器非常盛行。據說推銷最有效的方法，是雇用有名大學的學生擔任臨時販賣員。臨時工讀生在訪問推銷時，會傳達考試相關的資訊，而且還可做爲諮詢的對象。藉此，可減少購買者內心的煩惱。

如果將機器視爲販賣上的「硬體」，則考試的資訊等便可說是「軟體」的部分。

例如推銷化妝品，亦然。商品本身可說是「硬體」的部分；而變得更美麗的技術或化妝品所帶來的「夢」，便可說是「軟體」的部分。今後，「軟體」部分的重要性，可能會越來越大。

例如，推銷化妝品的人，除了化妝品的知識以外，也必須具備如何使人變得更美麗的知識；再者，還必須是能夠解決顧客煩惱的生活顧問和管理顧問。

如前所述，說服所須的心理學方面的各種方法、各種技術，只要有意，均可轉用爲心理控制。

特別是生活諮詢的各種方法，大部分都可做爲心理控制之用。那是由於生活諮詢的各種方法，都是爲消除煩惱而開發出來的。

正如軍事方面的各種技術適用於獨裁國家、共產國家和民主國家一般，說服所須的各種技術，既可善用亦可惡用。

我們必須不斷反省使用者的道德意識和自我；而且還必須自問：

「即使站在廣闊的視野上，也能夠帶給對方和社會幸福嗎？方法是否超越常識所允許的限度？」

本節將再度說明心理學方面的各種方法。

首先，先從「心靈的羈絆」說起。

「心靈的羈絆療法」

「心靈的羈絆療法」，是一橋大學的稻村博教授所開發的生活諮詢技巧。這是效果顯著的技巧。

「心靈的羈絆法」是針對想自殺的人、家庭暴力下的孩子、拒絕上學的小孩或誤入狂熱宗教的人等等對外封閉內心的人，所進行的精神療法。

對這些封閉內心的人而言，責備和憤怒幾乎完全無效。

總之，花些時間與他們交談，建立彼此心靈的羈絆，才能帶來戲劇性的效果。

而且，此「人靈的羈絆療法」原理，對於使對你封閉內心的戀人敞開心胸，或說服對你採取頑固拒絕姿態的同事、部屬和顧客，應該也都有效。

在此，介紹「心靈的羈絆療法」要點。

(1) 絕不放棄

進行心靈羈絆療法時，首先最重要的是，絕不放棄。不論面對何種病例或情況，治療人員決不可放棄。即使是看起來多麼困難或無技可施的病例，既然對方是人，就絕對有辦法。

亦即，始終不輕言放棄、拚命設想、儘可能全力以赴。這尤其重要；因此，首先對治療人員要求的素質，是不屈不撓的精神力。這種治療人員的態度，必定感動患者和他的家人；結果，便會產生治療關係，邁向光明。

(2) 須耐心地繼續治療

第二，重要的是須耐心地繼續治療。

自從第一次見面之後，還要花上幾個小時或幾天；建立心靈的羈絆之後，也要再花費好幾年的時間，甚至有時還得花上好幾十年的時間。

決不可急功好利，而那經常是不可能的。即使是花了許多年之後，只要成果有效即可。就其含義而言，治療人員所要求的第二素質，是持久力。

一般而言，沒有持久力且易感厭煩的人，不適合擔任醫療人士，尤其心靈羈絆療法，更是如此。

不厭煩且耐力十足，才能營救受苦的人，至於技術上的熟練度等，對於眞正煩惱的人助力不大。

耐心治療，本身包含許多含義。這是產生絕大治療效果的原因。這種前瞻性，就是否給人力量，使他站起來而言，具有驚人的效果。

(3) 以心靈羈絆爲中心

第三，重要的是以建立與治療人員的心靈羈絆爲主。

尤其最初爲了建立心靈羈絆，須付出萬全的努力。一旦建立心靈羈絆之後，就必須經常維持、強化，而且絕對不可斷絕這層關係。大多時候很難建立心靈羈絆；但是，斷絕關係卻是非常容易的。如果脫口漫罵或急於提醒的話，這關係立刻就會斷絕；而一段時間不見面，也會中止這層關係。

其意，外表看來似乎是被動的，但是，實際上卻必須是極積極且具指示性的，而且，還須要細心的設想。因此，治療人員要求的第三資質，可說是正確的洞察力和細心的設想。

如果本身不具有觀察不擅表達之患者的心情，也沒有透視出現表面行爲舉止背後眞心的洞察力的話，就無法治療。再者，不可缺少根據洞察力而來的細心設想和感受性。

然而，話雖如此，人非聖賢難免忽略或誤解。爲彌補該界限，才需要上述之耐心的治療。但是，光這樣還不夠；無論如何還是需要潛藏於治療人員內心的積極和體貼，以及洞察力和感受性。

(4) 階段性的對應

第四，須階段性地對應。

起初以保護、支持的態度對待，直到患者重新站起來，才慢慢發展爲自立。按患者的狀態，有時是一邊控制一邊一步步地進行。而有時卻得從背後推他一把。雖然每一病例，都有些微差異；但是，關於從保護至自立的階段這一點，卻是完全相通的。

在階段性的對應上，尤其是愼重和堅定最重要；假如無法遵守，就會帶來破綻。其意爲，治療人員要求的第四素質，是愼重和堅定。選擇方法時，應該時常選擇最確實和改善準確率高的，千萬不可做簡易的實驗或魯莽的冒險。

(5) 透過人群建立支援體制

第五，重要的是透過人群建立支援體制。

病患的周圍環繞著心靈的羈絆和支持的人群。

這有二種，一是治療人員，另一是病患周圍的親朋好友。

首先，治療人員必須編制治療小組；這不是單獨一人治療或指導而已；而是以多數的人員一邊緊密地調整一邊進行治療。此乃由於單獨一人挑大樑，時間和能力均有限；如果數名人員一起進行的話，即可以集思廣益又能夠具體地把握住病患的情況。不只是病患本人，也必須集合家屬、學校、職場、其他機關等，那時便可以分擔各人的角色。

有時，一個治療人員可做的事，還相當地多。

另一要點是，在病患的四周建立一支持體制。這一體制當然包含家人；但是，其他還有朋友、老師、上司、同事、鄰居等，依病況而有所不同。這一群人，在治療人員的指示之下，成爲協助者、支持者。

這一體制具有對治療人員的協助、支持，和對病患的協助、支持之二面。結果，這全部都是爲病患而設想的。但是，卻必須能夠讓它更具組織化、一絲不亂地運作下去。

雖然需要這種同時支持治療人員和病患的體制；但是，要能夠適當地進行，未必容易。因此，治療人員要求的第五素質是組織力和指導能力。

這種爲使病患重新站起而發揮的資質，在心靈的羈絆療法中，尤其重要；爲此，不可缺少掌握大局和不畏辛勞的細膩。

(6) 務必讓病患體會生存的意義

第六，必須讓病患體會生存的意義。

所謂心靈的羈絆療法，可說是只要追根究柢，最後便能讓病患身心皆體會生存的意義的治療方法。

我們必須多花些時間指導病患體會生存的意義和目標，使其能在日常生活中具體實行。

這決非用抽象的言語表現，也不可勉強說服或強迫。當然，必要時會採取這種方法；但是，大多時候卻非如此。

毋寧，長期心靈的羈絆療法之階段性的對應中，已無言地闡示這一點。又不如說，讓病患慢慢地體會。

爲讓病患體會，治療人員必須確定生存的意義，掌握人生深度的意涵。透過這種作法，治療人員本身生氣蓬勃，才是大前提。

這有個人差別，也有治療人員設定的範圍。

有些是宗教，有些是信條或主義。而且，也必須受到某種人生深刻體驗的保證。

但是，我們應該誇越這些，努力確定、深切地掌握對人生的體會。如此，才能相信人的可能性並產生尊重那可能性的心。

人生常被比喻爲登山；但是，各人有其到達山頂的方法；而患者們便是迂迴曲折地登上山頂的。

治療人員，對於參與這種場面，抱著喜悅和敬畏的心情；時而靜靜守候，時而從旁督促。

因此，治療人員要求的第六素質是對人生的敬畏和確定。

爲建立「心靈的羈絆」

以上是稻村博先生所主張之『心靈的羈絆療法』的主要重點。

那麼，爲了建立與他人之間「心靈的羈絆」，該如何具體而爲呢？

關於這一點，摘錄稻村博先生所述，如下：

「首先，須要的是徹底的包容、傾聽以及眞心誠意。

初期必須溫柔、體貼地面對病患。須如棉花般團團包圍保護，不給他任何刺激。隔絕外來的壓力，而且完全接受。

付出充分的時間，原原本本地接受對方；徹底傾聽對方所說的話。

不管病患想說什麼或想些什麼，一概不反對。

多花些時間直到病患認同；而且，不是由治療人員發言，而是請病患盡情地說話。幾次下來，病患已沒什麼新的話題可說的了；但沒關係，還是努力尋問、繼續傾聽。例如，尋問他心情如何？爲何事受苦？今後有何打算？或是病患的背景，尤其是家人關係如何？以及成長的過程如何？等等。

他們剛開始大多會強烈抵抗或反抗。

爲此，他們可能會暫時不開口，或過度混亂而語無倫次。有時會興奮地滔滔不絕；但是，大多會沈默寡言，不願說話。甚至，有的人這種狀態持續了幾十分鐘、幾小時，或者好幾天。

可是，他們不久便開始說話，或流淚，或號啕大哭。

經過這些事情，病患的情緒慢慢地便突顯出來。

這段期間，我們原則上一概不催促病患。還有決不打斷或阻止他說話。亦即，名副其實一心一意地了解對方。我們必須努力地了解、發揮直覺，並且不斷地留意患者的所有言行。

只要病患肯說話，治療便已朝理想的方向前進。即使他的話多麼地不明確、矛盾、重複或混亂，一點都不必擔心。因爲說話的本身，就有意義，即向治療邁進。

因此，治療人員應樂觀其成，既不反對，指責其矛盾之處，也不反駁。也就是，一邊充滿同感和包容的眞誠附和，一邊專心地側耳傾聽。

爲此，需要充分的時間。與其治療技術非常純熟的人撥出時間來傾聽病患的心聲，不如由技術尙未成熟的人，充分地花些時間治療，偶爾還更有效。

因此，付出充分的時間、貫徹包容和傾聽、眞心誠意地維繫，了解病患的心情，這才是建立心靈羈絆的條件。

治療人員絕對不可以對病患發脾氣。如果發脾氣的話，一般關係就會破裂；一旦關係破裂，就不容易修復。至於可以發脾氣或提醒對方的時機，通常是在稍微；即等到心靈羈絆建全，病患回復相當自信之後。

首要之務是，充分傾聽病患的痛苦、接受他的煩惱，繼續努力了解對方，對他產生同感。對病患付出由衷的關心，努力了解對方，或者盡力對他產生同感。絕對不要放棄，必須鍥而不舍。

這對於長期孤苦無援、孤獨、完全與別人沒有任何心靈羈絆的病患而言，眞是劃時代性的創舉。

病患往往容易採取迴避人群、意圖獨自中止心靈羈絆的態度。

這種人本來想依賴治療人員而活；但是，由於痛苦，使得心靈受到委屈。所以，治療人員千萬不可被病患表面的言行所惑。

另外，這些長期下來，心靈的視野慢慢變狹窄。爲此，即使周遭存在著充滿誠心、好意的人，他們也不會發現。不但如此，還常常對那些誠心眞意的人採取防守的姿勢，誤以爲他們對自己懷有惡意。甚至於，有時還認定他們是仇人。

這些人面對治療人員時，也會產生這種現象，有的人難以溝通表達情感。他們時常自己斷絕所有的心靈羈絆，將自己逼入孤立無援的境地。

因此，治療人員務必多花時間治療，直到對方敞開心胸爲止。同時，也必須徹底忍耐直到病患接受同感和共鳴。雖然過程有些困難；但是，只要努力，任何人都辦得到。心靈相通且能引起共鳴的信任關係，才是這裡所說的心靈羈絆。

如果治療人員毫無感動或感激的話，對方自然也缺乏這種情感；於是，雙方的關係便草草地結束。

陷入這種狀況的人，有些地方非常脆弱。爲此，必須採行階段性的對應。

病患可能會很快地感到絕望，或想放棄。但是，治療人員千萬不可放棄，應該不慌不忙地、階段性緩慢地調整步伐前進，不可強迫病患。

大多時候，病患剛開始會像小孩學走路一般，須要別人扶持。但是，習慣之後，便可讓他慢慢獨立完成。不論是家庭生活、學校課業、職場工作或人際關係，全部都得讓患者一點一點地付諸實踐。

雖然患者起初會覺得一步也不想走；但是，稍稍獲得幫助之後，漸漸地便能靠自己的力量走下去。

隨著病患恢復正常，讓他一步步地自立更生。這期間謹慎的照料是很重要的。如果過於急躁的話，輕易地便會出現破綻。

病患透過治療，能夠度過日常生活之後，他的想法就會慢慢地建全和落實。因此，治療人員最重要的任務，是努力培養病患的自信；極力肯定病患的優點。病患的自信，乃是透過治療人員肯定、亦即受到高度評價和支持而產生的。至於病患的問題點，當然也必須稍加指正；但是，過度一味地指責是很危險的。

由以上的說明得知，對一個人的病狀所付出的時間和勞力，甚至身心總動員的情形，往往是難以形容的。」

經過四年，終於開口說話

在我服務的大學裡，發生過以下的情形：

幾年前，一位A男同學因「拒絕上學」；於是，我決定和他見面。

當天，A由母親陪同前來。

他的母親不斷地發言，A卻一概不開口說話。

儘管我主動詢問，也只得到他「唉——」或「嗯——」等心不在焉的回答。

無技可施之下，我只好當面告訴他「學校」的意義、拒絕上學的案例以及人生觀等，當天就這樣結束談話。

三年級時，A在專門選修中選了我的課。而我也接受了A。

想不到的是，A每堂課皆出席；但卻不發一言。

其他學生也感到奇怪，但是，他一向獨來獨往；於是，我也沒有強迫他說話。

我要求同學們提出書面報告，A的報告寫得相當好。於是，我便公開朗讀那篇報告，並且大大地誇獎它。

研究室內的氣氛，稍微改變了。同學們紛紛表示：「那傢伙雖然不說話，但是好像還蠻行的。」

最後，要求同學們提出期末報告；A也寫得很好。我再度在大家的面前稱讚他，A仍舊不說話。但是，當場的氣氛早已是，大家對不開口說話的他另眼相看了。

四年級時，提出畢業論文。A還是寫得很好。

畢業典禮的那一天，我在研究室裡請選修的同學們吃外送壽司。解散時，和每個人一一握手道別。

最後，A在走出研究室時，四年來第一次開口對我說：

「老師，長久以來謝謝您的指導。」

在某含意上，這是多麼令人感動的一刻；我發覺自己四年來一直訴諸A的自尊心，好不容易得到了回應。之後，A一直都精神奕奕地工作者。

我認爲，A的實例就是按照理論實踐稻村博之「心靈羈絆療法」的成果。

只是，「心靈羈絆療法」之方法，若想濫用，也是可以濫用的。

以前，發生過一起「豐田商事詐欺案」。

豐田商事的外務人員鍥而不舍地拜訪老人，傾聽他們說話、幫他們按摩、做些瑣事。

如此慢慢地建立彼此的心靈連繫。

待老人們信任他之後，隨即提出關於放利的建議。催促他們領錢購買黃金；但是，卻沒有交給他們實際的黃金，而只是將黃金由豐田商事保管的證書交給老人們。

結果，證書只不過是一張廢紙罷了。

可是後來，有好幾位老人表示道：

「那位外務人員比親生兒子還親切，非常照顧我。」

可是建立心靈的羈絆，會使人敞開心胸。

羅傑斯（C・R・Rodgers）之協談者中心療法

稻村博之「心靈羈絆療法」可以視爲，美國芝加哥大學臨床心理學教授羅傑斯（C・R・Rodgers）所主張之「協談者中心療法」的一種擴展型。

羅傑斯於一九四二年，出版『生活諮詢和心理療法』一書。他強烈批評以往採指示性態度，對協談者（患者）發揮影響力的方法。於是，主張「非指示療法」。

「非指示療法」，從不給與患者特別的暗示，或積極的說服。務使患者自動發現正確的治療態度，從中引出患者的自癒力。而且，治療人員必須是好聽衆。

例如神經衰弱的患者，無法整理自己腦海中的各種想法，而大傷腦筋。那麼，就讓患者自由地說話；醫生只是一名聽衆。醫師一概不指導或給與積極的指示。於是，患者在說話當中，漸漸地就能整理出思緒了。原本頭腦中一片混亂、不知所措的情形，宛如糾結的毛線球自一端慢慢鬆解般，在說話之中，煩惱也慢慢地消除了。

遇到對方想法錯誤時，直接指正其錯誤並加以指導，當然也是一種方法。但是，有時也會產生對方未必由衷接受、認同的情況。

「非指示療法」中，務必使對方自動說話、說明。亦即，意圖引導對方在說話中，自動發現自己思考上的錯誤。這種方法、治療法或者說服法，稍微具間接性；但是，一旦成功之後，就能夠期待對方眞心的合作。

一九五一年，羅傑斯發行著作『協談者中心療法』。羅傑斯，在該書中深入發展「非指示療法」，強調治療人員面談態度的重要性。歸納羅傑斯「協談者中心療法」的要點，有以下三點：

(1) 治療人員本身務必自由地開放自己眞實的一面。要求協談者敞開心胸，治療人員本身必須先敞開自己的心胸。

(2) 接受、尊重協談者原本的面貌。凡是協談者，身爲人的任何特徵，均不可附加任何條件。以無條件的肯定心情，接受對方。

(3) 必須產生同感、共鳴，了解對方。

『新版、精神醫學事典』之「協談者中心療法」一項中，有以下的解釋：

「強調面試者基本態度之此一療法的特色是，擁有跨越狹義精神療法的領域，能夠廣泛活用於醫療專家與患者之間的關係、同一家族或同一職場、甚至老師——學生等大部份人際關係的大優點。」

「死人也會流血」

說服別人時，必須考慮到對方所處的狀況。有一較爲心理學家所知的例子，是「死人也會流血」。

曾有一位患者妄想道：「我已經死了」。一位年輕的心理學家問這位患者說：

「死人會吃飯、會排洩嗎？」

患者回答：

「聽說會。」

「死人會呼吸嗎？」

「聽說也會！」

於是，該名心理學家有些氣憤地問道：

「那麼，死人受傷後，會流血嗎？」

患者想了一會兒，回答說：

「我想，死人應該不會流血吧！」

這時，那位心理學家突然抓起患者的手，用身旁的刀子割傷患者的指尖，使患者流出血來。他說：

「你說自己已經死了，但是，流血了不是嗎？」

患者凝視著流血的指尖一會兒，說：

「啊！原來死人也會流血！」

爲什麼無法消除患者認爲「自己是死人」這樣的妄想系統呢？

這位患者，之前一定經過非常痛苦的體驗。而且，他一定曾想過「既然這麼痛苦、這麼辛酸，自己不如死了算了」。

他認爲「自己想成爲一個死人，不，我就是死人」，如此，便發展出妄想體系。

遇到這種情況，就算告訴他流血的客觀事實，或以理論指示他消除妄想，也無法說服患者。不如，探究該患者爲何想死，或者爲何認爲自己是死人的原因，才是先決條件。首先，必須站在患者的立場引起共鳴。因爲，這時對患者提出任何客觀的事實，都是白費心思。缺乏共鳴，即毫無治療的效果。

很多時候，與其根據理論或事實加以說服，不如以傾聽對方想說些什麼爲先決條件。

又有以下的一則故事：

之前，交通部表揚三名簡易保險招攬績優人員；據說這三位受表揚者都很木訥，而且，其中二位幾乎近似口吃。由此可見，即使沒有雄辯的好口才，只要以誠實的態度傾聽、了解對方的言語，便能夠充分說服對方。

「口才好的人，是個好聽衆」；給對方發言的機會，了解對方的立場之後，反而能夠使對方了解我們的立場。兼好法師在『徒然草』一書中，說：「有話不吐爲快，肚子會痛」；可見一個人若無發言機會的話，容易累積不滿、抱怨。充分發言之中，含有精神淨化（Catharsis）的作用。

將自己所擁有的往外釋放，藉由「說話」，將心中之事往外釋放；如此，精神才得以淨化，心情舒暢，也才能改善精神衛生。

公司裡，如果上司平常怠慢聽取部屬的話，遇到開會席間，可能產生部屬積存心中的憤怒情緒，突然爆發的情形。這時部屬的發言看似依據理論，譴責上司的不是；其實那理論只不過是表面的姿態，其心底仍舊潛藏著情緒上不滿的情況，也決非少數。

心理學上，有一「感情理論」的說法。此乃指看似採用理論，實則由感情支配其主要的想法。感情理輪生根於不滿；因此，不管以何種理論反駁，想說服對方是很困難的。

「人入虎口」

精神醫學上，有一「支持療法」。

況。

其目的爲溫暖地包容患者，消除他們的緊張、不安和恐懼，解決精神上的危機狀況。

有些傑出的宗教家，顯示卓越的能力，輕易地深入人心、消除人們的緊張、不安和恐懼。

自大正至昭和年間，有一個勢力非常強大的新興宗教，叫做大本教。據說該教最盛時期，信徒有八百萬人。此大本教的總帥，即是人稱一代怪傑的出口王仁三郎。

昭和初期，日本軍方培植勢力，一步步朝準備戰爭進行。當局認爲大本教是「邪教」，視它爲「企圖顚覆國體的團體」，加以鎭壓。由於出口王仁三郎擁有未卜先知的能力，曾預言日本會挑起戰爭和落敗；因此，一九三五年十二月，出口王仁三郎爲首的幹部，全部遭到逮捕。

當時，警察刑求拷問之激烈程度，今日難以想像。王仁三郎的女婿，日出麿受刑求拷問的結果，出現精神異常。但是，王仁三郎卻泰然地承受這種刑求拷問。

在大阪的二審法院的偵察中，王仁三郎回答庭長的詢問道：

「人入虎口。」

庭長似乎不太明白這句話的意思，再度問道：

「那是什麼意思？」

王仁三郎斂客肅穆地說：

「某人不小心落入虎穴。這時他該如何是好呢？就算想逃，老虎的速度快，一下子就捉到他。即使想和牠搏鬥，老虎的力氣大，很快就會被殺死。這種情況下，他還有獲救之道嗎？只有一種方法，那就是自動將自己的身體獻給老虎。如此一來，自己的身體便滅亡了。但是，靠自我的判斷決定自己行動的事實，以及愛和讚美將就此遺留人世。」

說畢，全場一片鴉雀無聲。

這出口王仁三郎所說的話，稱爲諷喻。站在老虎面前的人，不消說，即指出口王仁三郎和大本教；至於「老虎」，乃是國家的權力。亦即，大本教對抗國家權力。他所說的，便是即使挑戰公權力也沒有勝算；想逃也逃不掉。

諷喻——又稱寓言——，是自古傑出宗教家慣用的技巧。在聖經和佛教經書中，能夠發現許多諷喻的表現。

如果要說明大本教所處之痛苦立場的話，就算說上一百萬句話也不夠。不論如何理性說服，都是白費心機。但是，出口王仁三郎運用巧妙的比喻，比一百萬句話更雄辯地說出大本教所處的立場。接著，他又問：「庭長以及各位，你們能夠了解我們現在所嚐到的痛苦和悲哀嗎？」「你們知道你們的所作所爲嗎？」「如果是人，大家應該都會有同感吧！」

他的一番話震撼了超脫思想和立場，回歸人類的原點「同感」；所以，連庭長也無言以對。

出口王仁三郎，就是一位如此富有言語能力的人。

「先生，請進吧！」

當大本教受鎮壓時，出口王仁三郎的妻子，出口壽美，也遭到逮捕而被關進京都的拘留所。據說，該拘留所牢房入口的門上，有一扇像信箱般的窗戶。外面的人可以打開窗蓋，探視牢房內的動靜。

有一天，從東京來了一位檢察官。

這位檢察官咔噠咔噠地走過陰暗的拘留所走廊，下了樓梯，來到關著出口壽美的牢房前。他打開探視窗，朝裡面探看。出口壽美可能聽到開窗的聲音吧！便朝窗戶的方向望去，微微一笑地說：

「先生，那裡不好站，請進吧！」

連檢察官也回應她一笑，便回去了。據說該檢察官回到東京之後，對同事們說：「出口壽美也算是女中豪傑啊！」我想，出口壽美和出口王仁三郎他們都是眞正的宗教人物吧！

因爲，出口壽美所說的話有瓦解敵人戒心、引起共感的作用。

如今，世風日下、人心不古；連一句「來我家坐坐吧！」都很難說出口。我認爲每個人都在追求人與人之間的溝通。就算宗教正如馬克斯所說的是鴉片；但是，現在仍舊有許多人皈依佛教，是爲了追求「心靈的羈絆」或「能夠引起同感的人」。

進入某團體之後，不管說什麼，都有人聽。讓人有一股回家的安心感、溫暖；不受隔閡，可以獲得生命共同體的感覺或類似一家人的感覺。亦即，待在這裡，心情愉快；自己的親人都很冷漠。然而，在宗教團體中，卻有一種自己佔有一席之地的感覺。……

到此情況，尚無所謂。

可是，狂熱團體中，常會發生「剛開始，那麼溫柔地對待我，想不到，不久之後卻……」的情況。

對生存意義的意志——法蘭克爾之語標療法（logotherapy）

奧地利精神醫學家法蘭克爾，在第二次世界大戰中，被關進納粹奧斯維茨集中營；但是，卻奇蹟似地存活下來。

後來，在集中營內的體驗，帶給法蘭克爾敏銳洞察人性的能力。

在集中營內，能夠堅持到最後，相信自己存在意義的人，可免於陷入自我崩潰；相對地，喪失自己存在意義的人，卻經常採取自動求死的行動。

法蘭克爾引用以下尼采說過的話。

「凡是擁有生存理由的人，幾乎能夠承受任何困苦的事態。」

法蘭克爾接著又說：

「不同於動物，人類的本能不會告訴一個人該做什麼。傳統告訴以前的人該做什麼；卻不會告訴現代的人該做什麼。一個人不知該做什麼的時候，常會發生被人問及想做什麼時，無法回答的窘境。

於是，就會選擇以下的二種方法：

『迎合主義』──只做別人所做的事。

『全體主義』──只做別人希望他做的事。

如此，罹患特殊神經病症的機會便增多了。

任何時代都有屬於該時代的神經病症；任何時代也必須有該時代的精神療法。

事實上，今日我們不再像佛洛依德時代那樣，和性方面的欲求不滿對決；而是和實質上的欲求不滿對決。再者，今日典型的患者，幾乎不再像愛德拉（Adler）時代那樣爲自卑感而煩惱；反而爲了深不可測的無意義感而煩惱。又因爲這結合了空虛感，因此我稱它爲實質的空虛。」（『喪失生活意義的煩惱』）

可見發現「生存的意義」會帶給我們力量，如果喪失了生存的意義，就會引來空虛感。

佛洛依德曾在治療神經病症時，將神經病症的原因求諸於幼兒時期的心理外傷（心靈創傷）經驗等，被隱藏於無意識世界裡的「過去」。而且，意圖透過使其原因意識化，來排除神經病症的原因。相對地，法蘭克爾著重的是「未來」，而不是「過去」。

法蘭克爾說：

「嗯，你有沒有任何正向你招手的目標呢？例如，達成藝術工作。你有沒有許多在心中發酵的想法——包括尚未成形的藝術作品、等待創造的未完成的畫；亦即，許多等待著你創作的理想。請你想想這些事情。但是，也許你會說我的內心如此地混亂……。請各位不要發覺自己內心的混亂，而是尋找等待著你的事物。有價值的物品，不是潛藏深層的，而是未來等待著你的東西，也就是等待你實現的東西。因此，不必探問自己內部產生的物品，請各位追求等待你完成的東西。

證據，不是從那個人的自我集中所產生的；而是從透過對某種大義的獻身，或完成其特定作品的自我發現中產生的。如果我沒有弄錯的話，海爾達林曾寫過以下的語句，『我們到底是何物，不是問題。問題在於，我們到底想走往何處？』。同理，我們可以說意義大於存在。

然而，我們煩惱的來源又是什麼呢？

請各位不要過分注意這個疑問。不論你心理苦惱下的病理過程是什麼？我們都要治療你！」（法蘭克爾著『朝向意義的意志』）

法蘭克爾又說：

「能夠成爲所有心理療法之最高定律的，是哥德以下的話：『如果我們原原本本地接受一個人的眞面目，那就不是好的處理方式。如果我們對待他們，就像認爲他們的所作所爲是正確的話，我們便能引導他們前往應該去的方向。』」

哥德又說道：

「人們到底如何得知自我呢？只有思考，決不會了解；唯有經由行動，才能獲知。完成你的義務吧！如此，你就能立即得知自我。」

歌手美空雲雀，也在『雲雀自傳』中表示：

「我是五月麥田稻浪上歌唱的雲雀。我在高空上盡情地歡唱；但是，要飛落地面時，卻不知降落何處？我就是一隻在高空中盡情歡唱後消失無蹤的雲雀。」

可見，美空雲雀的本質在於高空歡唱之時。旁人絕對不能從她和小林旭離婚事件，或她與ＮＨＫ的糾紛等降落地面時的各種卑微行爲中，來解讀她的本質。因爲美空雲雀「應當如此」的姿態，就是她在高空歌唱時的姿態。

法蘭克爾創始的精神療法，稱爲「語標療法」。在此，「語標」指的即是「精神性」。

「語標療法」正是「由精神性（存在），朝精神性（存在）的治療」。

至於語標療法的目標，在於幫助患者找出自我人生的意義，感受自我的價值。

的確，現代的年輕人也在追求「人生的意義」。

我曾在目前任教的大學中，於心理學課堂上，要求學生舉手表決贊成以下哪一點：

⑴ 人生只要快樂就好。如同大啖美食後，讚嘆道：「哇！好吃」般，如果在人生即將結束時，也能讚嘆道：「啊！眞快樂」就心滿意足了。

⑵ 想追求人生某種意義。想從事有意義的工作。想從事可說是「我是爲了完成這項事業，才降生於世」的工作。

結果，贊成⑵的學生爲贊成⑴的二倍。由此可見，大多數的學生並不認爲只有快樂才是充實的人生。

現代人不是依賴「快樂——不快樂」的原理而生存，他們經常是依據「能否使自我的人生更有意義」的原理而活動的。

佛洛依德非常重視性方面的慾望，建立自己的主張（精神分析學）。

在佛洛依德的時代，性方面的慾望受到強烈的壓抑。因此，性方面的慾望本身或性方面慾望的含意，而反更加擴大。

今日，對性方面慾望的壓抑，已不再那麼強烈了。

不如說是，精神上的憧憬找不到出口，沒有目標、呈飄浮不定的狀態。

因此，一個人如果不夠堅定的話，雖然未罹患神經病症；卻有容易陷入「迎合主義」或「全體主義」的危險。

如果再受到宗教狂熱分子引誘、說服道：「這才是能給與你人生意義的東西、能使你人生更有價值的東西」的話，可能有些人就會被牽著鼻子走。

作業療法

關於作業療法，之前已提過。

我在學生時代，曾聽過當時擔任立命館大學校長的末川博先生的演講。末川先生就是一九三三年的瀧川事件時，辭去京都大學教職的著名法學專家。

他的演講中，提到以下的話題：

末川先生考進舊制的第三高等學校；但是，當時卻心生疑問不知爲何而求學。最後，終於喪失了求學的幹勁；於是，申請退學，回到故鄉務農。然而，一年之後，他又想求學，便前往三高詢問。結果，級任教授爲他將退學申請改成休學申請，送往事務局；因此，末川先生才能順利回到學校唸書。

精神衰弱和無力症的治療方法，有作業療法以及休息療法。至於末川先生的情況，就是在不知不覺中採取作業療法或休息療法的形式。

必須伴隨固定作業的規律生活之作業療法，廣泛地對一般精神衰弱症有效。

另外，休息療法除了休息恢復精神疲勞的效果以外，還有環境完全改變所引起的效果，或者無所是事的生活痛苦經驗引起的行動意願之效果。

從葛雷·格林或末川先生的事例中得知，無力的狀態不一定意味著缺乏精神能量或能力。

現代高中生們的「三無主義」或「五無主義」中，必定含有的無力感，並非完全沒有原本精神能量的存在，而應該視爲擁有預備的能量。

許多人在經歷過危機狀況、固定休息或規律作業體驗等之後，能量會再度升高。

有的人只要在宗教團體等，以「奉獻」的形式進行作業的話，其身心狀況能獲得改善。於是，便有人認爲這是托宗教或信仰之福，才得以改善身心狀況的。

團體性的暗示

「團體性的暗示」，原本是德國納粹所採用的。方法是，聚集衆人使全體表態「贊成」一方的方向，或某種思想；最後，大家便開始朝那個方向前進。

一九五〇年代的韓戰中，爲求洗腦美軍戰虜，便採用令他們參加團體討論，透過團體的壓力和暗示，促進思想改造的方法。

現代的日本，也有相當多的宗教團體使用這種方法。宗教團體召集幾千、幾萬人；例如讓幾千、幾萬人參加集體結婚。由於我們都活在某種框架限制之中，因此，一看到幾千、幾萬人均採取和自己相同行動時，不免認爲自己的行動正確。

數年前，我任教的大學裡，有位男同學跑來找我。

以下是這位男同學的談話內容：

一次，他應邀參加某採行可疑手法的商品推銷說明會。當時，工作人員一個接一個地在他面前說道：「我十天賺了一百萬日圓」「我一個月賺了三百萬日圓」「我已經存了一千萬日圓」等。接著，主持人繼續說道：「平凡的人生索然無味。讓我們共同渡過一個充滿活力、熱情又充實的人生吧！」這時，會場漸漸地熱絡起來，飄送著一股熱情的氣氛。打工一個月賺十萬日圓，談何容易。於是，他想休學或退學從事商品推銷。……

這位學生雙眼迷惘，看似發高燒。宛如陷入一種集團催眠的圈套。

我向他說明這種工作不可能長久，這當中必定有人受害以及這是至今仍備受爭議的行業等；但是，這位學生不容易理解，很難說服他。

醫學或科學的想法普及發達的結果，我們有時會低估暗示的力量等。

可是，有時強烈的暗示會治療疾病。

聖經中有一章節描述一碰觸耶穌基督的衣服，連雙腳無法站立的人都能站起來。最後，耶穌基督告訴他：「你的信仰治癒了你」；「你的信仰治癒了你」。

世界上有的人擁有強烈的暗示力，能經由暗示來治療疾病。

而且，一旦在群體中進行暗示、治療的話，這時的暗示力會因團體的力量而更強烈。連手腳癱瘓的人也會擁有「我應該辦得到」的堅強信念。例如無法活動的手活動了，或者無法站立的腳站起來了。如此，產生了一種感動帶動感動，奇蹟延伸奇蹟的現象。

第二次世界大戰後，西德出現了一位名叫布魯諾・格列寧（Bruno・Glaning）的人。格列寧表演過多種奇蹟。

於是病患爭相走告紛紛向他求醫；後來，格列寧便於海登堡市，在醫師團面前醫治罹患脊椎硬直症的患者。

最後，醫師團不得不證明：

「格列寧不是騙子。」

結果，格列寧被喩爲「基督再世」。

格列寧經常引起桃色糾紛；一九五六年更因刑事案件被告發，宣判八個月徒刑。他的聲望自天神的位置落至地上罪犯的地步。

另外，一直「想死、想死」的人，一進某團體中，可能會發覺生命價值，而打消尋死的念頭。不知何故，他會有整個人獲救的感覺。

亦即，看見奇蹟或被賦與生命價值後，便認定這個宗教是正確的。

「好，甲種合格！」

有一本『逃離自由』，是由生於德國、受納粹壓迫而歸化美國的精神分析學者福隆（E‧Flom 一九〇〇—一九八〇）所著。本書的內容，大致如下：

第一次世界大戰後的德國制定了一部憲法（Weimarer Verfassung）。這部憲法是人類史上罕見規定人類自由的民主憲法。但是，大多數的人一旦被賦與完全的自由時，反而會不知所措。他們無所適從，不知如何是好。

這時出現了一名男子。那名男子擁有堅強的信念，開始訴說這樣的行爲是正確的。提到德意志民族的神聖性，連教育程度高的人也開始相信這名男子所說的話。

依據堅強信念的教育和以國家形式的規範，這一切均徹底推翻個人的處世方式。

希特勒在『我的鬥爭』中說：

「宣傳必須將該提的思想，以最低字數不厭其煩地一再重複。因爲即便是最簡單的思想，如果不強調上百遍，大衆是無法熟記的。」

根據這種思想，或者透過反萬字形的精神象徵，亦或經由集團示威活動，德國納粹的思想便以具體的形式不斷地向人們顯耀。

例如公司開朝會，宣佈公司的方針。進行大規模的廣告，創造「流行」。這一切都可說是正在進行集體規範的說服工作。戰爭中，只要以國家的規模，進行集團規範的說服工作，甚至會出現許多年輕人願意接受說服，在那裡尋找人生的意義和價值，並且樂意捨身報國。

我生長於中國東北（舊滿州）。國小時正好是二次世界大戰最激烈的時代，也是帝國主義盛行的時代。當時的導師很年輕，剛從師範學校畢業不久。這位老師由衷地相信當時帝國主義的主張。因此，老師動不動就說出「盡忠報國」「奮鬥精神」這一類的話。

這位老師在指定的日子接受徵兵檢查。老師的身材稍矮，應該不會是甲種合格。於是這位老師在檢查場上量身高時，從頭到尾均踮起腳尖，而腳跟決不落地。這時剛好徵兵檢查所長的某上尉巡察而來。某上尉看到老師的樣子，便指向他說：

「好，甲種合格！」

老師回到教室後，以感動顫抖的聲音對我們描述經過。

如今，回想這件事情，它讓我感觸良多。

第一，教育眞是令人害怕的東西啊！

爲了捍衛國家、保護婦女、孩童，屬於生命共同體中的年輕人從戎出征，這是人類原始以來的慣例。第二次大戰中對戰爭意義的教育，便強調這一方面。

當級任導師背起幾乎掩蓋身體的大行囊，在學生們高呼萬歲的歡送聲中出征，其身影消失在校門前白揚樹時，學生們個個放聲大哭。

雖然這位老師時常體罰學生，採取殘酷的軍事訓練；但是，沒有一位學生懷疑老師是個願意「爲國」捨身的人。當時就是這樣的時代。

第二次世界大戰的確是侵略戰爭。但是，出征的年輕人，不一定是有侵略意志而作戰的。大多數的年輕人，在意識上，是爲了捍衛日本國土、婦女和孩童而出征的。

再者，某個男人和某個女人結婚，就是由各種偶然的因素促成的。假如這名男子不出席某聚會的話，就十分可能和別的女人結婚。如此一來，生下的孩子當然是另一個人了。這一點也適用於我們的父母身上。假如父親是和母親以外的人結婚，就不會有現在的我。因此，我們的存在是成立於極不穩定的偶然上。

全面觀察人類，的確是朝一定的方向——自未開化至文明的方向——流動。可是，如果要提到每一個人的話，如鴨長明在『方丈記』中所說的，均擁有如「漂浮泥沼中的泡沫」般虛幻無常，一瞬即逝的一面。而這種虛幻無常，會在我們的心中引起不安定感。任何人——包括登峰造極的人——心中一定有某種不安定感。

那種感覺可說是來自每一個人存在的虛幻無常。由於這種虛幻無常，多數人才會追求自己存在世上的意義，追求有意義的生活。如果要提到我們每一個人的話，那眞是充滿各種慾望、自私自利的個體。但是，另一方面，人類也是能夠爲理念殉死的存在。爲了國家這個極抽象的存在，多數的年輕人在戰爭中視死如歸。爲了共產主義和其他的主義，多數的年輕人拿性命做賭注，莫不揭竿而起。

可見，自我存在的意義，往往是自己所屬的集團賦與的。

採取同於他人的行動時，心靈才會穩定

俗諺云：「入境隨俗」。恐怕每個人都有這樣的經驗吧！例如穿著毛衣等休閒打扮出席衆人皆穿著正式西裝的宴會而出醜的經驗等……。

社會心理學的專用名詞中，有「參照組」（reference group）一詞。亦即，當一個人採取某行動時，該參照組可做爲基準。

舉例說明。

我有二個兒子。這是發生在老么上幼稚園時的事。上幼稚園前，園方送來制服，還附帶帽子。那是貝雷帽（大黑頭巾型的無緣帽）。但是，老大的幼稚園和老么的幼稚園不同，他的制帽和早稻田大學的制帽一樣，是座墊型的帽子。弟弟似乎原本認爲自己上幼稚園後，會戴和哥哥相同的帽子；所以非常不喜歡貝雷帽。他經常伸出小指玩弄貝雷帽頂上的小尾巴裝飾，說：「有這種玩意的帽子，我絕對不戴。」

妻子很困擾地找我商量說：

「這該怎麼辦呢？」

我回答說：

「這種事情不用操心。只要他看到其他小朋友都戴，就一定會戴的。」

果不出所料，他在幼稚園裡看到小朋友們都戴這種帽子，隔天起就二話不說地戴起帽子上學。

當自己和四周的人都採取同樣行動時，心靈能獲得安定。否則，就會感到不安。以兒子的帽子爲例，這即是向「參照組」歸化現象的典型例子。

推銷產品時，「參照組」的行動如何，大多也會有強烈的影響。這時便會出現周圍的人買，自己也買的一種示範效果。於是推銷員才會不停地暗示：

「隔壁鄰居都買了。」

「某某人的家中也買了。」

當我們從事和別人相同的動作時，才能獲得心靈的安定感。

聽到大家討論網際網路時，自己也會想要擁有相關的知識，而且認爲非加入不可。至於對自己是否眞正重要的理性判斷，卻放置一旁，置之不理。

如果放開心胸表示：

「我根本不適合機械」「如同有人討厭貓，也有人討厭滑鼠」的話，也說得過去；但是，還會煩惱「非懂機械不可」「非會使用滑鼠不可」「但是，我辦不到」等，受到所謂的科技壓力，而引起電腦不安症等神經衰弱的現象。

戒煙錄音帶——自律訓練法

「沒有比戒煙更簡單的。不管幾次都能戒得掉！」

這個噱頭在在道出戒煙的困難。

例如心臟不好，醫生要求病患戒煙。

但是，心臟不好的人有一共通的性格特徵。美國心臟血管研究財團的佛利德曼（Freedman）和羅傑曼（Rosenman），將擁有這種性格特徵的人命名爲A型（不同於血型）。A型的人擁有以下的性格特徵：

(1) 獨自選擇行動目標，爲達成目標全力以赴。

(2) 想要成功的慾望強烈。

(3) 急躁，不能等待。

A型的人經常趕時間。容易在商場上成功，卻也容易罹患心肌梗塞、狹心症等疾病。

A型的人一旦選擇「戒煙之行動目標」的話，這次爲實現目標，定會全力以赴。因爲他們「無法等待」，立刻想戒煙「成功」。

但是，麻煩的是，能否戒煙不一定和意志的強弱直接相關。

勉強戒煙，會積存壓力。萬一戒煙失敗，那麼挫折感更大；反而，帶給心臟不良的結果。

宮城音彌先生等心理學家，主張吸煙能夠利於放鬆心靈，也有其道理。

數年前，市面上推出一種能夠讓人順利戒煙的錄音帶。

據說只要聆聽這捲錄音帶，就能夠以比較輕鬆的心情戒煙。

而這捲錄音帶，是根據控制壓力的方法製作而成的。

德國大腦生理學家奧斯卡・佛克特（Oscar Foct 一八七〇～一九五九），編纂了一套自律訓練法（Self Control）的方法。自律訓練法中，必須有系統地學習自我暗示的方法；讓身心放鬆，並依照一定的順序，謀求身心的穩定。

著眼於自律訓練法效果的耶那大學精神科教授約翰尼斯・雪爾茲（Johanes・H・Shertz 一八八四～一九七〇），有組織地創立自律訓練法，並於一九三二年出版了『自律訓練法』一書。

後來，自律訓練法被德國出生、移民加拿大的路特（W・Roote 一九二二～一九八四）等人發揚光大，直到今日。

能夠讓人順利戒煙的錄音帶，即為了達成戒煙目的，特別重新編制此自律訓練法。另外，也採用了放鬆心靈和肌肉的鬆弛法。

這捲錄音帶，不只是建立於現代學術成就之上，也加入了冥想音樂、溫柔美妙的女聲；多方設想以便順利地被要求戒煙的人所接受。關於內容方面的指導，則由心理學家河野良和先生擔任。

「戒煙」，是爲了身體健康著想；但是，「戒煙」的行爲本身，則端視其心態如何而定。因此，心理方面的方法可能具有效性。

自律訓練法，爲何對身心有益？

根據自律訓練法的標準方法，進行以下自我暗示的練習。

(1) 心情穩定（安靜感）。
(2) 手腳沈重（重量感。右手→左手→右腳→左腳，如此進行）。
(3) 手腳溫暖（溫暖感）。
(4) 心臟平靜且規律地跳動（心臟調整）。
(5) 輕鬆地呼吸（呼吸調整）。
(6) 胃部溫熱（腹部調整）。
(7) 額頭涼快（頭部調整）。

以上，必須等到一個階段完成，才能進行下一個階段。即使無法完成所有的階段，也會有其效果。

這種自我暗示法，爲何對身心有益呢？

一旦被別人施行催眠術，就會進入精神恍惚的狀態（忘我、恍惚的狀態。失去意識到行爲者是自己、自我存在的狀態）。

自催眠術中清醒後，不知爲何身體會變得舒服、輕鬆。就精神生理學而言，此乃因爲透過催眠能鬆弛肌肉和血管所致。

依據親身體驗而撰寫『人格改造完全手冊』的鶴見濟先生，將催眠之後的反覺，如下記錄：

「催眠一旦結束，你會以無比清爽的心情清醒過來。

如果醒覺的暗示更奏效的話，便能體會睜開雙眼，某物湧上心頭般，甚至於靈光乍現般的感覺。如此，反而感到平靜且心情舒暢。就連之前一直喃喃自語的人，如今也像變了個人似地平靜。

走到外面，風景清新而且陽光燦爛，有時四周會散發一片白光。這時，你會不知不覺地微笑、哼著歌或自言自語或踩著小步伐想跳舞。充實、幸福、健康、開朗……等感覺一口氣襲上心頭。如同暗示，會覺得今後要繼續維持這種狀態；如此一來，心情爲之一振，未來頓時一片光明。

自深層催眠醒覺後的特徵，就是心情輕鬆，感到飄飄然或是徹底醒覺的感覺。如果再留下『開朗』『平靜』等暗示效果的話，就會呈現這種狀態。這多麼令人無法相信；但至少是自己親身體驗或聽別人講的，因此，這是眞的。」

巫師，即是靠一種自我催眠引導自己進入精神恍惚的狀態，和神或精靈直接交流，並進行預言和治病。

據說巫師們在精神恍惚之後，也有愉快的疲勞感。

就連一開始很難進入恍惚狀態的巫師，在經過不斷的「練習」之後，即可輕易地進入精神恍惚的狀態。

自律訓練法，便是經過不斷的練習，而能夠輕易地解除全身的緊張，技巧地控制身心的狀態。

另外，「手腳沈重」等，即是放鬆力氣，進入睡眠時的狀態。等於是給自己睡眠的暗示。

發明自律訓練法的雪爾茲，曾調查處於催眠狀態者的感覺，發現他們之間共同存在著「心情穩定」「手腳沈重」「手腳溫暖」等感受。

於是，他便認爲利用這些詞句給與暗示，即可輕易進入催眠狀態。

而「軟酥法」等，也可說是利用想像（心像）的自我催眠。

只是，教導學生「軟酥法」時，有不少學生回答說：「好像起司黏住全身一樣，很噁心。」

我晚上睡覺前，運用一種想像：在身體內部按順序且仔細地揉解體內的各部位。接著，身體漸漸地變溫暖，而自然能入睡。於醒覺之後，能獲得爽快感。

主要是，了解原理之後，不妨設想適合自己的催眠方法。

等到習慣之後，便能輕易地陷入陶陶然的精神恍惚之狀態。

自律訓練法可用於治療神經症、身心症（心理原因引起的身體疾病。如某種胃潰瘍、禿頭症等）、惡習等、增進一般人的健康、消除壓力、集中精神等目的。

只是，別人似乎能以製作戒煙錄音帶的要領，另外製作無法戒除狂熱念頭的錄音帶。

做為控制壓力的方法，我認為更應該注意東方的方法。東方的方法其特徵是，不論是治療身體疾病的方法或心理疾病的方法，均採取綜合且治本性的療法，而非分析且對症的療法。

東方傑出的控制壓力之書籍，我推薦明朝洪自誠撰寫的『菜根譚』。此書融合了儒教、佛教和道教，並以這三教的觀點，尋求待人處世之道。像被喻為「事業之神」的五島慶太先生等，據說也將這本書奉為座右銘。尤其是A型的人，更值得一讀。

第2章

各種方式的說服

說服的百態

事實上，說服具有各種方法。本章將列舉說服的百態說明。

後來，擔任教育部長的赤松良子女士，在她擔任勞工部婦女局局長時，在報上的「我的轉機」一欄中投稿。這是她在三十八歲晉升爲主管時所發生的事。

「我當上主管之後，有以下三項心得。首先，發現和進修時代不同，不再只要自己孜孜不倦地用功或努力工作即可，還要能讓別人工作愉快，而我的責任則須靠大家努力工作的成果，才能完成；不能再像以往逞口舌之能，以傷害別人而洋洋得意；最後，平衡的判斷比不按牌理出牌的樂趣，來得更重要。

例如包容重於尖銳、忍耐重於攻擊，老成的協調性重於理論的正確性等，以往只是我輕視的對象，如今都能發現它的價值。因此，此一轉機不單單是外表職位的變遷而已。得與失兩者均可說是一樣大。」（『朝日新聞』一九八五年十月一日早報刊行）

逞口舌之能，不按牌理出牌的樂趣、尖銳、攻擊、理論的正確性，這一切都是年輕人所接受的說服方法。

至於平衡的判斷、包容、忍耐、老成的協調性，這些都是成熟主管們應該具備的說服能力。

多種的說服方法，其原理各異。必須先決定自己的專長，然後再加以磨練。但是，也必須依照時間和場合分別使用。

俗話說：「見人說人話，見鬼說鬼話。」應該訴諸於情的人，若想用理論來說服他的話，反而會招致反感，可能還會遭對方反駁說：「不懂我的心」。相反地，對於應該理論說服的人，即使僅以受對方歡迎的說法訴之於情，可能也無法獲得對方的體諒。另外，為從否認罪行的犯人口中獲得自白，有時理論說服或動之以情，都沒有用。這時，就必須提出能使他伏首認罪的鐵證才行。

但願各位能從本章所提供的說服百態中，選擇可成為範本或說服參考的方法。

藤田元司先生擔任教練的心得——讚美、鼓勵並施的說服

之前擔任讀賣巨人隊教練，帶領巨人隊獲得冠軍的藤田元司先生（現任棒球解說員），在「讚美才能打動人心」（『黃金雜誌』一九八五年七月號刊載）一文中，如下表示：

我認為此文隱含著讚美和叱責的眞髓；因此雖然內容稍長，但仍舊引用。

「教練時代的我，賞罰原則是讚美時儘量選在公開場合，而責備時，便把選手叫至無人之處諄諄教誨。在衆人面前被指名讚美，令人心情舒暢。而且，當教練刻意讚

美樸實無華的行爲時，選手們一定會高興地認爲教練竟能發現這些細節，而發誓今後一定更加再接再厲。例如，遵從教練的暗號擊出一記強勁的犧牲短打，護送跑者往前一壘；或以雙殺化解危機於未然。

另外，我始終注意的是，對選手提出要求或提醒選手時，必須選在『對方心情愉快的時候』。我一直會耐心地等待這一刻的來臨。另外，關於這一點，可說是『責備前，先讚美』。亦即，讚美對方的長處和優點，將他的情緒帶往良好的狀態，再在他心情愉快時，指出：『但是，還差一點點呢！』如此一來，這句話便立刻深植心中。

我深深覺得每個人都希望在讚美聲中成長。我認爲責備和發脾氣並非爲了使他成長，而是矯正他不犯錯的目的。可是，矯正是一項相當費神的工作。萬一比賽中全力以赴卻失敗的話，我不會責備他們。但是，不用心比賽或失誤連連（差勁的比賽），不管大家聽不聽得見，我都會大發雷霆。

因爲不能容許的怠慢或失誤，若放置不管的話，這種病源便有傳染給全隊的危險性，故得預防。不過，更大的目的是點名一人，以提升全隊的士氣。這時，還必須考慮到被責備者的個性，如果對方的性格開朗，不管被人說什麼都不退縮的話，則可以直接指名責備。但是，如果會頂撞或心情會低落、多慮的人，就必須小心對待。

最常被我責備的是原、中畑二人。即使我以響徹選手席的聲量，大罵：『你們在幹什麼啊？』『大蠢蛋』；他們也不過是開朗地點頭說：『對不起』，非常坦率。例如『職業選手就要有職業選手的樣子』，這是一句非常傷人的話，但是，他們一點兒也沒『哼！』的頂撞表情。而隊員們也知道原、中畑是自己的代罪羔羊，因此，心裡會感到過意不去而更加謹慎，全力以赴。」

「凡任何人都會犯的過錯，即使在衆人面前挨罵也沒什麼好在意的。但是，問題在於針對選手固有的缺陷或不足而指責對方時。跟不上別人、擁有無法跟別人比賽的弱點——當被指責上述事件時，一定會感到很難過。更何況，在衆人面前挨罵，情何以堪。此時，我都是一對一地面對選手。隔天，依舊若無其事地打招呼、談笑風生。我已經不再擔心那位選手了，因爲我知道他已經了解我的心意了。

我一向注意『八分讚美、二分責罵』，身爲領導者的條件之一，也許就是成爲一位優良的讚美者和責備者吧！」

在此，我的心得是，這種方法也適用於公司的上司栽培部屬，或者父母教育子女時。

販賣「夢想」而不是「商品」——夢想的說服

讓我們思考一下化妝品的銷售。這時，販賣的是化妝品的「商品」嗎？

不是。

你推銷給女性的，就是「能夠變得更美麗」的「夢想」。

有一種清涼飲料，叫做可口可樂。我已經「老大不小」了。我記得我是在第二次大戰後，從中國東北（舊滿州）遣送回國後，才第一次喝可口可樂的。總覺得它是一種含藥味的怪味飲料。

可口可樂，果眞是好喝的飲料嗎？或者是對我們非常有用的飲料呢？

如果將可口可樂視爲「商品」的話，就令人相當質疑了。

但是，我們還是喝可口可樂。因爲可口可樂那「心曠神怡」的宣傳，無往不利。我們不是將可口可樂視爲「商品」而品嚐；反倒是喝下能讓人覺得「心曠神怡」的「夢幻」之液。

以「懷勒法則」聞名的美國著銷售專家艾爾馬・懷勒（Ellma・Hoiler）說過：「不賣牛排——賣那吱吱的聲響（Don't sell the steak, sell the sizzle）」。

買牛排的人，並非受營養價値或價錢的高低之「商品」特徵吸引而購買的；只不過是被「好像很好吃」的想像吸引而購買的。

「夢想」才是驅使我們行動的原動力。

「IONA，我好美！」

有一個叫做「IONA」的化妝品品牌。

電視廣告上，影星岸田今日子顫抖地喃喃說：「IONA，我好美！」之後，鏡頭一轉變成了一張美麗的外國模特兒的側臉；這名外國模特兒閉上眼睛後，又再睜開。

「IONA」，透過這支電視廣告，一躍而成名。IONA國際公司一九七六年的銷售額是五億日圓，但是，一九七七年的銷售額竟高達七十六億日圓。僅靠這支電視廣告便使其銷售額快速成長。

但是，箇中實情又如何呢？

據說一九七六年左右，IONA僅以數人的規模製造生產香皂而已。是一家根本無法由電視廣告來想像的小工廠（但是，這種說法據說是競爭的化妝品公司故意放出的風聲）。

電視廣告中，IONA強調含天然離子。但是，離子原本就沒有天然和人工的差別。據說含鈣、鐵、鈉等的離子，自來水中就有了。因此，我更不相信它具有「美白、消除黑斑和面皰的效果」。

將IONA的乾性面霜視為「商品」時，我認為和其他品牌的東西相比，它並沒有什麼特殊之處。更不覺得有一萬日圓的價值。但是，它的乾性面霜依舊暢銷。原來大家都是購買IONA所賦與的「夢想」。

而電視便是擴大這個「夢想」。

「夢想」使人更美麗

有一首日文短詩：「新春時節，對太太一見鍾情。」

平常，太座大人忙於家事和育兒，都成了黃臉婆。過年時，太座大人巧心打扮，結果，變得美麗極了，宛如另一個人似的；於是，先生也陶醉其中。

結婚典禮上的新娘和新郎，個個看起來都是俊男美女；因爲這是一生的大事，必須費心打扮。任何人只要努力使自己變美，即可擁有相當程度的美麗；至少能變得「那樣地」美麗。

以前，我聽過參議院議員山口淑子女士的演講。令人驚訝的是，她看起來既年輕又美麗，當時她應該是六十歲左右，但是，無論怎麼看，都只有三十多歲的樣子。我認爲這是因爲她原本就很漂亮，再加上努力使自己更美麗之故吧！

亦即，我們透過被賦與變美的「夢想」，才能變得更美麗。

天下父母心，每位父母莫不希望孩子認眞讀書。

但是，一味地對孩子說：「用功」「用功」，效果反而不大。

因爲孩子們根本不知道爲什麼必須用功讀書。

因此，父母必須引導孩子思考：上大學，有什麼樂趣？眞正地享受此生，又是怎麼一回事？未來有什麼夢想？現在必須如何努力，才能實現夢想？即使有不必努力，也可以幸福的方法，但卻很難尋找出人生的意義。儘管剛開始努力很辛苦，但是不久之後，就會變得有趣多了。

沒有不斷地尋夢，便無法獲得驅動力（drive，心理學上稱爲內在動因）」而努力也就無法長久。

坦率追求的說服

假設有一名優秀的女性，而A男對這名女性非常傾心。但是，這名女性卻和另一位在各方面均略遜A男的B男子結婚。

最後，A男詢問這名女性說：

「爲什麼和B結婚呢？我是這麼地喜歡妳。」

女性回答道：

「唉呀，可是，你從來沒有說過喜歡我啊！而B，確實非常熱心地向我求婚呢！」

聖經上寫道：「追求吧！如此才能獲得自己想要的東西。」有時候正因爲沒有清楚、坦率地追求，而錯失自己想要的東西。

『週刊文春』曾連載號稱「世界第一象棋高手」米長邦雄先生的「泥沼派之人生諮詢」。

米長先生之人生諮詢的特色，在於根本不在乎世俗的常識和原則，一針見血且直接了當的回答。

一九八五年九月五日發行的雜誌上，刊登了如下的「問」與「答」。

Q 不想做「朋友」，想當「情人」

我是一位二十五歲的學生。不知道爲什麼總是無法和女性朋友深入交往，感到非常困擾。一旦我和對方交往到某種程度時，對方大多會表示：「你是一個很好的朋友，但是卻不適合做情人。」我的外表並非其貌不揚，而且自認爲很有想法；難道我缺乏某種情感的魅力嗎？（大阪府　煩惱的中羊）

A 下棋時，最要不得的是，儘管早已整裝待發，卻不採取行動，主動出擊。爲什麼不進攻呢？因爲害怕進攻。同理，到你開盤步局完成爲止，這樣的行動還算普通，甚至可說是不錯。但是，你卻缺乏開啓戰端或自我拓展的勇氣。

也許女方早已芳心相屬，但是你卻不將她擁入懷裡。這是最要不得的。男子漢大丈夫，沒有比這更悲慘的了。當你解決某種程度的問題時，應該堂堂正正地向女方表示愛意；應該擁有抱她入懷的堅定意志，積極地採取行動。

結果，假如和她發展親密關係的話，她才會認識到你是個充滿魅力的男人；相反地，即使遭女方強烈拒絕，也不必認爲自己的自尊受傷，或者男人的面子掛不住。

倘若認爲對女方失禮，或顧慮到被甩的話該如何是好？那麼，你就是缺乏性感魅力。於是，對方會認爲你是一個溫和的男人，是個很好的朋友（笑）。

請追求肉體上的需要。你的才能必定可以開花。

米長先生的回答，直接地表示男女關係中，何謂「霸王硬上弓」？

話說：「一推、二錢、三長相」。這意思是：「受女性歡迎，第一是不顧一切地霸王硬上弓，至於金錢和長相，則是其次。」

同理，推銷時若只是「厚臉皮似地硬性推銷」的話，會惹人討厭，因此，必須以肢體來表達「熱情」和「誠意」。

女性如果不喜歡你的話，大概會拒絕吧！但是，有時候正因爲缺少臨門一腳，而使得女性變得不幸福。

約會求愛

只是，話雖如此，若不考慮對方的情況而霸王硬上弓的話，可就麻煩了。

我任教於大學時，女學生常找我訴苦：「被不喜歡的男同學追求，眞的很煩惱。」

爲了獲得某種東西，需要社會上公認的一定程序。

商店裡擺滿了想要的東西。如果是打工賺錢而買下它，沒什麼問題。萬一隨手帶回家的話，就是小偷的行徑。這是心理學上的「短路反應」，「短路」原指電力短路（Short）。

慾望，務必經由控制，以社會上公認的形式滿足。

我任教的大學裡，對新生開了一門「教養專題討論」。目的之一是讓新鮮人習慣大學生活。

這是數年前的事情。

此教養專題討論，曾因某種緣故空出三十分鐘左右的時間。

於是，決定以遊戲的方式訓練學生電話邀約的方法。

男同學和女同學分別坐在教室的兩側。一個一個地依序假裝男同學打電話給女同學。

首先，男同學假裝撥電話。

「鈴！鈴！鈴！」

女同學便假裝拿起話筒。

「喂喂！」

但是，意外地，笨手笨腳的學生還不少。

男：「A公館嗎？」

女：「是的。」

男：「啊，A小姐。我是專題討論的B。嗯—。我手上有二張在町田C戲院上映的×××主演○○○（電影名）的票，……。這個星期天，一起去看吧？」

女：「這個星期天，剛好有事不方便……」

男：「是嗎？那麼你知道誰這天有空呢？」

女：「嗯，我不曉得吔！」

男：「那，再見。」

這位男同學雖然語氣輕鬆，但是，對象是誰無關緊要。又，指定約會日爲這個星期天，當然可能被拒絕。一旦被拒絕，話題便無法順利進行。

但是，其中一位男同學，說話有技巧，和其他男同學不同。據說，這位男同學從高中時代就打工從事販賣教育機器和教材，而且業績不錯，還接受過公司表揚。

男：「鈴！鈴！鈴！」

女：「喂，我是D」

男：「啊，我是專題討論的E。你好！」

女：「你好！」

男：「D小姐，我記得妳喜歡×××（歌手名）！」

這位男同學E的講法，此處不同。他是行家。爲什麼呢？

專題討論裡，開學的第一堂課，就請每個人做過詳細的自我介紹。但是，班上約有三十個學生，幾乎所有的學生都忘記了誰做過什麼樣的自我介紹。

想不到，這位男同學E，竟一五一十地記住了誰做過什麼樣的自我介紹。

男同學E接下來的話題，一切都和女學生D自我介紹的內容有關，並再以更廣泛的知識擴大話題，使人深以爲奇：他怎麼知道這麼多？

任何人對於眞摯關心自己的人，都頗有好感。

最後，二人的談話越來越熱絡。

男：「妳聽過×××（歌手名）的〇〇〇（歌曲名）嗎？（至於我〔安本〕，既沒有聽過這位歌手，也不知道那首歌）。」

女：「哇！我一直很想聽，但是，還沒聽過。」
男：「我有那張CD。」
女：「哇，眞的！我想聽！」
男：「你要來聽嗎？」
女：「嗯，要去，要去！」
男：「這個星期天如何？」
女：「嗯！好哇！」
接著，仔細確認決定時間，就此成交（結束）。
那種無礙的談話，太完美了。當男同學假裝掛上電話時，教室裡響起了如雷的掌聲。
我問男同學E說：
「你眞的有那張CD嗎？」
「現在沒有，不過，這個星期以前，就會買起來。」

打電話的方法

我的太太對我的朋友P博士的印象不太好。P博士是國立一流大學的老師，其學術成就非凡。

可是，當我不在家而P博士打電話來。之後，太太總會發脾氣。她說：「那個人連電話都不會打。」

據太太表示，P博士總是不報上自己的名字，而且，每次開口總是說：

「啊，安本老師在嗎？」

如果回答他道：

「還沒有回家。」

便「咔嚓」一聲地掛上電話。

原來P博士不說沒有必要的話，所以說是合理，也算合理。

另一方面，我的學生Q同學，我的太太對他的印象非常好。Q在學生時代擔任過學生會會長。家裡是家電用品的批發商。畢業後，他在家中擔任專職，非常活躍。即使打電話過來，態度也是親切鄭重的。聲音也非常開朗、動聽。

而且，決不會「咔嚓」一聲地掛上電話。

據說，他會簡單扼要地說明來意，並親切有禮地表示道：「那麼，請向安本老師問好！」

每次太太誇獎Q君時，我都會回答：

「這就是我們教育的成果。」

在解決大學入學考試問題方面，毫無疑問地，P博士比Q優秀。因爲P博士在智能方面，擁有優秀的才能和成就。社會需要像P博士這樣優秀的才能；但是，很顯然地，社會上也需要像Q那樣圓滑的社交才能。而且，對一般人而言，要像P博士那樣單靠智能獲得社會公認的有用性，是非常困難的。

至於打電話的方法，只要學會極簡單的「模式」，給人的印象便完全不同。

(1) 首先報告自己的姓名。

(2) 若是對方打來的電話，則我方不可先掛電話。

(3) 結束對話時，須加上「再見」「打擾了」等話語。

(4) 須輕輕掛上話筒。

只要稍微留意上述各點，任何人都辦得到。主要在於是否肯如此用心。

注意基本禮儀

我目前任教於私立大學。由於是私立大學，因此入學考試時須面試。結果，我發現竟有許多考生連人際關係上極爲基本的禮儀都不懂。

例如：

⑴ 應該稱自己的父親和母親爲「家父」「家母」；但是，有很多考生都稱之爲「父親大人」「母親大人」。

⑵ 面試均爲事先通知，因此應該注意服裝和打扮；但是，卻有學生穿著休閒服而毫不在意。

⑶ 有的考生回答問題時，雙腿大開，給人不修邊幅之感。例如，有的年輕人在電車上張開雙腿，佔著兩人份的座位翻閱報紙；就是那種姿態，給人有傍若無人之感。

⑷ 相反地，有的考生聲音太小，回答不淸楚，迫使主考官必須不停地反問。

平常就應該注意上述事項。一到緊要關頭，即使突然想改正，也很難矯正。另外，自己很難發現自己的毛病。因此，有時候不妨請教自己親近的朋友，針對自己說話的方式和姿態，是否有令人不愉快之處，坦率地給與自己意見。

某位學生找我商量，商量的內容如下：

「我（那位學生）目前擔任英語補習班的講師。對於英語，我相當有自信。我居住的P市，每年夏天都會召募學生，讓他們前往美國進修旅行。我至今已報考兩次了。兩次都通過學力測驗；但是，面試都失利。爲什麼會這樣呢？我該如何是好呢？

這時剛好S老師進來。於是，我對S老師說明學生找我商量的內容。

結果，S老師立刻說：

『你呀，剃掉鬍子吧！面試的人，不是市長就是某德高望重的人。那樣的鬍子，行不通的。』

本來，我不是很在意；但是，經他一說，果然學生的鬍子長得濃密。

這一年，那位學生剃了鬍子應考。不知是否爲此緣故，竟然合格了。」

另外，也必須留意說話的方式等。

「新聞報導站」中的久米宏先生說話速度非常快。可是，卻聽不清楚內容。倒不如，要求速度快且動聽。

說話速度快但能聽得懂的理由，如下：

(1) 發音（articulation）清晰。所謂的發音，意指斷句。例如「我／說這種話／也沒什麼用／」中的「／」，就是斷句的部位。即使說話快速，但是只要發音清晰、說話語調抑揚頓挫，就聽得懂。

(2) 每一個音的發音，均力求清晰。大學裡參加話劇社時，會要求學生做「AEIUEO、AO。KAKEKIKUKEKO、KAKO」等的發聲練習。凡被評爲發音不清楚的人，就應該上說話課做發聲練習。

這一切透過訓練，都會進步。

必須順應風俗民情

「婚喪喜慶」的場合，一般都具有形式。萬一不符合形式，就會感到格格不入或無法和對方溝通。

例如結婚典禮的喜宴上，忌諱「破碎」「分別」「分離」等字句。而喜宴結束時避免「到此爲止」「結束」之類的話語，應該選擇「畢會」這樣的話。或者，參加喪禮時，千萬不可使用「屢次」「再度」之類含重複意味的字眼。

有時候，可能會因爲未順應風俗民情而導致說服失敗。因此，必要時，最好還是順應一下風俗民情。

數年前，我有一次應邀參加某年輕友人的結婚喜宴。喜宴上，還是由另一位年輕友人擔任司儀呢！最近的年輕人，可能受到電視的影響吧！在這種宴席上竟然不怯場、光明磊落地說話。當時司儀也有模有樣地主持典禮，使宴會順利進行。

不久，大家酒酣耳熱之際，新娘和新郎的親友紛紛放聲高歌。這時，來賓中有人高喊：「在此，請司儀一展歌喉吧！」然而，這位司儀會唱的歌少得可憐，平常的聚會中，也只會唱「兩隻老虎、兩隻老虎」這樣的歌。

於是，他低頭想了一會兒之後，抬起頭說：「那麼，我就獻醜了。」想不到，他竟然唱起『水手小歌』(野口雨情作詞)來。

我是岸邊枯萎的蘆葦——

我替他捏了一把冷汗,心想:「這傢伙竟然選了這麼一首要命的歌曲」。因為這首歌的最後一句歌詞是:「反正你我二人,是世上不開花的枯萎蘆葦。」我擔心他在唱歌時,會不會發現歌詞不妥當。沒想到,他沒有發覺而且還唱到最後。

他的歌聲鏗鏘有力,歌喉決非不好。唱完時,我考慮了一下該不該拍手。萬一拍手的話,「反正你我二人,是世上不開花的枯萎蘆葦」,便有幸災樂禍、看熱鬧之嫌;若不拍手的話,當場就很掃興。

但是,唱歌的本人沒有發現,實乃不知者無罪;因此,我還是認為應該拍手,於是我便拍手了。但是,總覺得掌聲有些稀稀落落的。

事先溝通的說服

日本的企業組織裡,有時需要事先溝通的程序。某種想法越過於異想天開,就越需要在會議進行前,對與會的主要人物進行事先溝通。

此事先溝通的效用,到底在哪裡呢?可列舉如下:

(1) 透過一對一的談話,能夠傳遞話題、獲得對方的認同。出席會議時,每個人都是「多數中的個體」。倘若是一對一的談話，便可讓人感到「只有你（Only you）」。亦即，特別認同對方的存在之感。

(2)將對方的意見納入自己的想法之中，才能琢磨方案。另外，也能帶給對方「自己的意見被採用」的滿足感。亦即，進行「傾聽的說服」。

(3)心理上對這個方案已經「習慣」，減少了隔閡和抵抗感。

日本的公司，還要求有條不紊。只要每一個要點都有條不紊且能事先溝通的話，即是最高境界。

以身作則的說服

以身作則，等於是提升成果的說服。

豐臣秀吉之所以能夠發揮高超的領導能力，乃在於他的成績輝煌，受到許多人的肯定。

雖然稍嫌冗長；但是，以下仍試舉一傑出的指導能力。

這是一則小兵立大功的故事。

二次大戰時，日本陸軍中有一位卓越的指導者，名叫今村均上校。

在今村均上校的回憶錄中，刊載了以下的故事：

那是今村均上校畢業於陸軍大學後，擔任仙台步兵第四連隊第十中隊長時的事情；當時他二十八歲。

※　　※　　※

「我陸大畢業後，回到仙台步兵第四連隊，向連隊長菱刈隆大佐（之後的上校）申報；他立刻表示『命你擔任第十中隊長』。

每個步兵連隊，到了夏天，都得爲了射擊和劍術教育大費周章。菱刈連隊長早已指示六月中旬，舉行連隊十一個中隊間的隊際槍劍術比賽。所以，各中隊自四月初起，便早晚不停地練習劍術。

當時，四連隊中的一個中隊被派駐北中國，他們的兵營便空了出來。於是，我連同其他四、五名青年士官住進裡面，以便就近參加練習。

四月中旬，在中隊長室附近的走廊上，我遇見了一位小兵，他的左臉頰至眼部腫得厲害。

『佐佐木，你的臉頰怎麼了？……』

『早上練習時，跌倒撞腫的。』

他大聲地回答道。

我懷疑地心想：「怎麼會撞到這個部位呢？」便進入中隊長室；不久，本週值星的下士官阿部帶來了今天受診患者的名簿，請我批閱。患者只有二、三名。

「二年佐佐木幸三郎，不是你那班的小兵嗎？……」

「是的。」

「聽說練習時跌倒，撞腫了臉頰，很嚴重。何不叫他過來看診呢？」

這位班長是新任的下士。雖然國中肆業，但是肯用功；我認爲他本質不錯。想不到他竟默不回答。

「可能是你這個星期値班很忙，不曉得佐佐木受傷吧……」

「我知道。對不起。我沒有遵照中隊長的指示，是我毆打他的。」

這番話出乎我意料之外。

「我看佐佐木，他是個認眞的士兵；難道他犯了什麼錯嗎？」

「沒有。他是全中隊最好的士兵，決不犯錯。」

「那爲什麼揍他呢？」

「雖然他一派正經；但是，不知何故劍術卻奇差無比。前陣子，在全中隊各班的比賽中，我這班排名最後，都是佐佐木全戰皆敗所造成的；只要他的戰績勝過一半，我們就可以得到中等。當天晚上，佐佐木來到下士官室，說：

「明天早上起，請您暫時爲我惡補劍術吧！起床時間的三十分鐘前，我來叫醒您。我們到後面櫻花樹下練習，就不會吵到兵營，造成別人困擾了。」

他都這麼要求了；因此，今天爲止我們已經練習十天了。但是，他一點兒也沒進步；不論我怎麼提醒，他都是閉著眼睛練習。

今天早上，我終於按捺不住生氣地說：

「佐佐木，惡補到此爲止；脫下面罩。」

「班長大人，請再多教我一些。」

等他脫下面罩時，我的手連番揮向他的臉頰。

「爲什麼不睜開眼睛呢？」

「我爲什麼不能像其他人一樣地操劍？……」

說著說著，竟放聲大哭起來。我突然覺得他很可憐，也跟著哭了起來。一時間，二人在櫻花樹下相擁而泣。當我猛然抬頭一看，發現他的臉頰至眼部都已青腫。

「佐佐木，對不起！你的眼睛不痛嗎？」

「沒什麼，這隻眼睛有和沒有都一樣。」

不管我怎麼勸他接受診察，可能是擔心我被處罰吧！他硬是不肯。

本來，我就是爲了這件事情，特地前來向中隊長報告，請求處分的。但是，您卻先提出來了。』

他的臉色惶恐不安。

於是，我便指示他說：

『我了解了。你現在立刻帶他至醫務室，檢查眼球是否有異。如果對方問你原因，你就說：「稍後中隊長馬上過來跟軍醫大人直接說明。」』

佐佐木一等兵，是松島北方志田郡鹿島台村一窮佃農的三子，體格像小牛般強壯；同時，動作也像牛一樣地緩慢。正因爲一派正經，致使別人看輕他，而幫他取了個綽號『牛』。

他是個二十一歲的年輕人。所幸臉頰三天就消腫了，眼球也沒有任何障礙。

第四天的早晨。我參觀了阿部下士對佐佐木的特別訓練。看了一會兒二人的動作之後，我對班長說：

『佐佐木的眼睛，似乎有某種神經性的障礙。即使他本人想睜開眼睛，但是一旦對手的木槍逼近時，卻又無論如何也睜不開。』

我請二人卸除防備用具後，指示佐佐木說：

『你的眼睛是因爲有病才睜不開的。今後，你就閉著眼睛練劍，而且務必想辦法和對方打成平手。我說個故事給你聽。江戶幕府末期，有一位名叫千葉周作的劍道高手，他也是仙台人。某日，一個小沙彌前來拜訪這位大師。他說：

「大師！今天我不小心撞到了一位武士；爲此，對方向我挑戰以眞劍決勝負。現在，決定今天傍晚在茶之水附近，一決勝負。我對劍道一竅不通；但是，我不願意死得太難看。請大師教我如何才能死得不難看。」

千葉大師眼見對方如此懇求；於是，便教導他如何舉劍、擺架勢，同時諄諄告誡道：

「聽淸楚。要閉上眼睛舉刀；一旦察覺敵人有所動靜時，就立刻伸出刀劍。其他的什麼都不必做。」

教畢，便讓他練習幾次出刀後，就請他回去。小沙彌傍晚時分，依約前往比賽場所；他按照千葉大師所指導般地舉刀、擺架勢，心想只要敵人一有動靜，就立刻伸出刀，決心赴死。然而，不可思議的是，對方武士竟對小沙彌說：「我有眼無珠，竟然膽敢向你這種無隙可擊的武術高手挑戰，眞是失敬。請饒了我吧！」說畢，不再比武一決勝負，便離開這個地方。這是一則有名的故事。佐佐木，你也一樣，反正有沒有眼睛都一樣；明天開始，就請班長教你刺招吧。就像剛才故事裡的小沙彌，閉著眼睛直線刺向你認爲對方所在的地方。你的體格有如小牛般強壯；不管多少招，都要繼續使出刺招，直到身體動彈不得爲止。至於敵人的劍朝你身體的哪一部位，則一概不管……。』

他點頭表示了解。

隔天開始，阿部下士每天早上，都教他三十分鐘劍術範本裡所示的刺招。

四月下旬，舉行大隊內四個中隊間的隊際劍術比賽；佐佐木在中隊裡一百四十名中排名最後，必須和其他三中隊的同一編號的選手比賽；不可思議地，他竟獲得全勝。他當時是閉著眼睛，使出刺招的……。

中隊內六個班的班際比賽，在每個星期六的下午舉行。佐佐木的排名扶搖直上；一個半月之後，中隊裡一百四十名的士兵，已經沒有人能夠突破他的刺招。牛一般體魄的士兵，閉上眼睛按照範本所示，將直線刺出的木槍尖端，瞄準對方胴體的正中央躍進；即使對方擋開，他又再次進攻，對方遲早會因擋不住而被他刺中。反過來看，他那勇往直前的架勢，好像無隙可擊；致使敵人揮出的木槍尖端，始終擊不中他。就算裁判宣布『勝負已定』，沈迷於比賽中的佐佐木仍舊充耳不聞，繼續使出刺招直到裁判以手上的木槍分開比賽者爲止。

整個中隊裡沒有人將他視爲高手；但是，排名的結果勝過雄辯；結果，他在一個半月之內，便榮登中隊士兵的第一名。然而，他依舊沒有睜開眼睛比賽。

六月中旬，進行十一個中隊間的隊際比賽；他要與其他中隊的十位第一名進行比賽。阿部下士宛如親身出賽般，全身緊張、雙手緊握、額頭冒汗，凝視著佐佐木。世上眞是無奇不有；自比賽的中途起，他的兩眼大睜，而且連眨都不眨一下。

任何一位對手，都無法招架佐佐木瞄向胴體的刺招；最後，他十戰全勝。菱刈連隊長，仔細觀察他的比賽後，如此問我說：

「這個士兵不是以技巧取勝。他只是無念無想，將劍心灌在木槍的尖端罷了。他是個什麼樣的士兵呢？』我毫不隱瞞地報告阿部下士和他之間的交情，以及他挨揍的始末。

『原來如此。打人總是不對；但那是愛之深、責之切的表現。』

連隊長非常高興，頒給他優等獎章。幸好，這場比賽中，我的第十中隊獲得了連隊第一名的成績。」（『今村均回憶錄』「佐佐木一等兵之槍劍術」）

※　※　※

正因爲今村均中隊長的指導有方，使得小兵立了大功。

以「德」說服

古代中國，一位名叫子路的年輕人，前來拜訪孔子。

子路是個稍嫌粗魯的年輕人，他拜訪孔子的目的就是給孔子一點顏色瞧瞧。

子路說：

「聽說生長於南山的竹子，不用人們烘烤取直，自然能伸直；而且砍下此竹使用，還可刺穿犀牛皮呢！如此，對天資優越的人而言，根本就不需要學問；不是嗎？」

孔子回答道：

「如果再在你所說的南山竹上，裝置箭羽和箭頭並好好琢磨的話，可能不只能刺穿犀牛皮而已吧！」

據說如此一來一往的問答之後，子路便拜孔子為師。儒教中，應該琢磨的是「德」。

「德」又是什麽呢？

一言以蔽之，所謂「德」即是不為所欲為。

江戶時代末期，有衆多的外國人前來日本。

他們也接觸了日本的「武士」。

當時，那些外國人經常讚美日本的「武士」是風度翩翩的「紳士」。

西方和日本的文化傳統不同。

無論食、衣、住，均各不相同。

日本「武士」所擁有的，便是根據儒學敎旨的「德」。

亦即是謹言愼行，勿為所欲為的自我規律的精神。

此種精神，才是不分古今東西，被視為最有價值的寶物。

我們可以說依據此種精神，探索彼此的生存之道，最為理想。

亦即，「嚴」以律己、「寬」以待人爲佳。

以「法」說服

「德」具有「寬恕」的一面。

但有些時代，根本無法以「德」治理天下。

各位可能知道孔子、孟子；但是，對於荀子、韓非子，可能不太熟悉吧！

然而，漢朝以前，即至今二千多年前，也許荀子、韓非子的名字和著作，比孔子和孟子都來得有名。

讀過他們的著作『荀子』和『韓非子』，便會深刻地了解到它的趣味，以及站在極端現實主義的立場下所寫的內容之價值。

如果各位先接觸他們的著作，可能會認爲『論語』『孟子』，追求空泛的理論，過於理想不切實際。

後人稱荀子和其弟子韓非子，爲「法家」。

法家思想主張庸君也能夠治理國家之運用「法」的方法。由於『荀子』『韓非子』理性精闢地表現這一點，因此，今日再度閱讀，內容依然有趣。

如果儒教是以君主之「德」爲治國之本的話；那麼，法家則是強調以「法」之系統治國。

古典書籍『十八史略』中，有一則描寫溫和的漢元帝，當天子時的軼事。

在自皇太子時代起便喜愛儒學，也就是孔孟學說的漢元帝眼中，父王宣帝的執政過於偏向法治主義。

亦即，他認爲法則傑出的文武百官，過於偏重刑罰統治人民。

於是，在一次的酒宴上，他建議道：

「父王，您過於依賴刑罰了。這次，何不啓用儒生施行聖人政治呢？……」

結果，宣帝臉色遽變，嘆息道：

「漢朝的傳統，乃在於霸道和王道兩者併用。爲什麼必須偏重德治主義呢？儒生們什麼都不瞭解，成天開口閉口誇獎從前，謾罵現在，混淆大衆視聽。將來顚覆漢朝的，一定是你這位皇太子。」果不出所料，皇太子登基成了元帝之後，漢朝便快速地衰敗。

至言去言，至爲無爲

儒教和法家的思想，就是在競爭中求功名的思想。相反地，主張知足常樂、優游人生的是老子和莊子的哲學。

中國人在志得意滿時，遵從儒教和法家的思想；失意落寞時，便以老子和莊子的思想敞開心胸、享樂人生。

老莊思想，可說是悠閒自適的思想。

『莊子』中記載著：

「至言去言，去爲無爲（最精彩的一句話，是什麼都不說；最出色的行爲，是什麼也不做）。」

言多必失、行多必敗。有時過分庸庸碌碌地工作、過份積極地發言，都將自取滅亡。而，有時什麼都不做、什麼都不說，才能保全身而退。

『老子』『莊子』的書中，盡是簡單扼要地批評人生、社會、文化；亦即充滿了格言（aphorism）。以反論的表達，敏銳地闡述人生的玄奧。

『老子』中說：

「大道廢，仁義存；國家亂，忠臣在。（士道荒廢，才能突顯仁義；士道通達，則仁義無大礙。國家混亂，才會出現忠臣；國家太平時，則不需忠臣。）」

日本國內，經濟富裕；有越來越多的年輕人崇尚老莊思想。這也是一種生活的方式。

我任教的大學中，選修我授課的學生荒關俊光同學，寫過一篇文章「水母的幻想」。

文章如下：

「各位，人生是眞實的嗎？

令人困擾的是，對我而言，人生一點兒也不眞實。

『決定一件事，等於破壞了幾種可能性』，我如此認爲；於是顧及所有的可能性之後，總將決定的時間延遲到最後。

結果，我什麼事都做不了決定；致使敷衍了事、逃避現實。我一再重複著同樣的行爲。永遠都是搖擺不定，走過著不踏實、馬馬虎虎的人生，即是此一緣故。

與其說是「走過」，不如說是「飄盪」還來得正確。提到「飄盪」，便想到水母。

水母不具抵抗浪潮的能力，只得隨波逐流。

我曾聽說過：『以前的九州男子，面對置於伸手可得的茶水，也不會伸手拿取，一定要有人將茶杯放到他的面前。』

我總覺得，在水母中看到了九州男子的身影。

水母缺乏游泳能力，甚至於無法獨立游泳取食。因此，牠只能吃食偶然碰觸到手的動物。

如果手上沒有食餌的話，便不惜活活餓死。水母拋棄了自我，活在乞求外力的生命中。那也許是水母眞正領悟後的表態；事實上，水母沒有眼睛，牠是憑藉著心眼看世界的。

亦即，抛棄一切煩惱，不只是心靈，連身體也都呈現出完全透明的姿態。

親鸞上人說過：

『人越想獲救，越容易成爲激烈煩惱的俘虜。任何自力的行徑，也救不了自己。唯有絕對外力的信仰，才能救自己。』

我猜想親鸞上人也是水母的弟子。

水母才是『自然法爾』的生存方式。

日本『古事記』中登場的水母，十億年前即已存在於地球上。也就是說，牠已飄盪了十億年。牠是我的師父。

五年前，我在青森的水族館裡，看到了水母；牠的美麗深深地吸引著我。水母搖擺著長長的觸手，緩慢地游過整水槽。在海邊發現的水母，只有傘部最顯眼；可是，站在水槽外眺望水母的側姿，更覺嬌美。」

經過時間的洗禮

諸多歷史事件顯示，經過時間的洗禮之後，才能受到社會的肯定而成功說服別人。

耶穌基督生前，很難充分說服周遭的人們。結果，在高爾歌泰高地（Golgotha）

被釘上十字架處死。另外，蘇格拉底生前，同樣地無法獲得周圍人們的理解；結果不得不飲毒自盡。

但是，現在耶穌基督的主張，已成功地說服了數千萬、數億人。

關於逼死蘇格底的泛泛之輩，甚至沒有留名。相反地，蘇格拉底所說的話，在二千年後的現在，仍舊感動著我們。

蘇格拉底的弟子柏拉圖，在其著作『為蘇格拉底申辯』一書中，記載著蘇格拉底臨死前所說的話。

「你我之間，到底是誰好命呢？只有上帝知道。」

關於思想千古流芳一點，蘇格拉底比逼死他的那些人還幸運。

如此，也有人在生前沒有成功，死後經過時間的洗禮才成功說服他人的例子。不論是耶穌基督或是蘇格拉底，他們在向人們闡述某種理念時，自認擁有絕對的自信。亦即，他們可能自覺自己不是侷限於現在，而是將眼光置於永恆的未來而主張眞理的。

與謝野晶子和有婦之夫與謝鐵幹結婚時，就像自動送上門的老婆一樣，硬拆散鐵幹夫婦。這時，晶子所採取的行動，以一般世俗的標準看來，應該會受到大肆地譴責。但是，晶子強硬的作風，終於達到和對方結婚的目的。試想當時晶子的心情，大概是這樣的吧？

「以一般世俗的認知看來，我的舉止大概有許多應受到譴責、批評的地方。但是，我個人如果想按照自己的眞實行事的話，那就不得不這樣做了。至於我的行動是否正確，請各位觀察幾年後的結果再做評斷吧！」

事實上，婚後的與謝野晶子，留下了衆多的佳作。鐵幹也留下了許多作品。而二人所生的孩子，個個都優秀。經過時間的洗禮，再來觀察二人的婚姻，可說是正確的選擇；至少他們對人類的文化，有所貢獻。

隨機應變的說服

以前，某鎭河川的上游和下游，有二家禪寺。由於宗派不同，而互別苗頭；但是，二家禪寺各有年紀相仿的小和尙。

某天早晨，下游寺廟的小和尙打掃寺廟前時，看見了上游寺廟的小和尙急急忙忙地走過來。由於他是一臉得意地走過；所以，下游寺廟的小和尙心理很不是滋味，不由得喊了一聲：

「喂，你上哪兒去？」

上游寺廟的小和尙瞄了下游寺廟的小和尙一眼，回答道：

「隨風而去。」

說完，又急急忙忙地走了過去。下游寺廟小和尙無言以對，很不服氣；於是，告訴寺裡的和尙，上游寺廟的小和尙如何地囂張。

這位和尙獻計道：

「那時，你回答他說如果沒有風時該怎麼辦？不就好了嗎？」

小和尙心想果然有理；隔天早晨，他便一邊打掃寺廟前，一邊等著上游寺廟的小和尙經過。這時，上游寺廟的小和尙比昨天更得意地走來。

「喂，你上哪兒去？」

「信步而行。」

說完，又像一陣風似地急忙離開。

舌戰嚐敗績的小和尙再度前往與和尙商量。

「你眞笨哪！不會問他沒有腳時該怎麼嗎？」

隔天早晨，小和尙一邊打掃，一面心想：這次務必要你好看。這時，上游寺廟的小和尙拿著竹簍走了過來。

「喂，你上哪兒去？」

「去買豆腐。」

下游寺廟的小和尙，再次無言以對。

如何回答問題？

我對古代史相當感興趣。

我主辦的「邪馬台國之會」，每個月開會一次。會議當日，上午由會員發表研究結果，下午則邀請著書的知名人士演講。

古代史的範疇中，有各種爭端。

「邪馬台國之會」裡，免不了有各種形式的爭論。邀請前來演講的教授們回答問題的方式亦各不相同，使我受益良多。「邪馬台國之會」是一個沒有會員限制、任何人都可參加的會議。爲此，會員的組成包羅萬象，包括：單純對古代史感興趣的人、信奉古代史範疇中的某一學說的人，大致擁有己見的人，以及早已發表過出色論文的人等等。

聽完邀請前來的教授演講後，有一種常見的發問模式。即是假借發問之名，進行發表己見之實。也就是，滔滔不絕地闡述己見，並詢問：老師，關於這一點，您認爲如何？例如有人主張己見，表示日語來自蝦夷語，因此大部分的日語古語，可以蝦夷語說明。這種人不論邀請前來演講的教受是哪一位，均滔滔不絕地說明己見，並不斷地詢問演講者的意見。

因此，問題時常和當日演講的題目，幾乎沒有關係。導致其他會員臉露難色，心想：又來了！

各位如何處理這樣的問題呢？每一位教授的處理方式不盡相同，我特別感興趣。於是，便整理出以下各類型：

(1)**感情型**　對於程度不高的問題，好像一副「胡說八道」的樣子，故會稍微感情用事的回答。這種態度又更加刺激發問者的感情；於是，開始了一場意氣用事的議論，最後得由主持人居中調停。

(2)**理論型**　理智地列舉證據，指正發問者議論的錯誤之處。但是，這種形式的說服，未必能成功。俗話云：

「愚者，爭論不敗」。因爲即使發問者的見解錯誤，只要他繼續固執地主張己見，便容易使對象礙於時間的關係，知難而退。

(3)**四兩撥千金型**　「關於蝦夷語，我研究不深。」如此地四兩撥千金。眼見問題的程度不高時，四兩撥千金的確是處理方法之一。

(4)**拒絕型**　「我答應到貴地演講。但是，有很多人假借發問之名，行發表己見之實；因此，在此恕不回答問題。演講的時間充分，就此結束。」

以上是目前古代史範疇中最有名的人士，對於要求演講時的回應。因爲他對古代史相關演講會後的問題大致如何，瞭若指掌；因此而產生了以上的防衛手段。

⑸ **忽視型**　「我會回答問題。只是要求以下的方式。首先，演講結束後，休息十五分鐘。請工作人員利用休息時間分發『問題用紙』。有問題的人，請寫在紙上提出。之後，我再整理『問題用紙』上所寫的內容，歸納出共通的問題，選擇我認為有必要回答者，針對它做說明。」

這的確是對不適當問題的有效處理方法。亦即，認為與當日題目無直接關連或無回答之必要的問題，一概「忽視」。

經過長期的嘗試錯誤之後，「邪馬台國之會」目前採取請發問者將問題寫在『問題用紙』的方式，收集問題。

再者，還有和上述的類型不同，採取獨特適當處理方式的教授。介紹如下：

原島禮二先生的回答方式

有一次，邀請埼玉大學名譽教授、古代史學家原島禮二先生前來演講。原島先生將演講的時間縮短，剩餘的時間做為發問的時間。他說：「我先回答問題用紙上所寫的問題；之後，任何人都可自由發問。只是，「不懂的部分，我會回答不知道。」原島教授對於回答問題的方式，採取以下的形式：

(1)**評估問題的意義**　任何問題，他都會提出問題中蘊含的古代史學上之意義；高度評估其意義。例如：「蝦夷族和日本民族之間，經過長期的研究，也是今後值得探討的重要問題……。」如此，對任何問題，均眞摯對待，決不敷衍了事。

(2)**要求發問者提出見解**　原島教授總以最低限度闡述自己的見解；相反地，反而要求發問者提出見解。例如：「關於這個問題，A先生（發問者）您的看法如何呢？」「其他還有沒有應該補充之處呢？」最後，再以「原來如此，眞值得參考！」結束。

這樣一來，議論幾乎完全遭到封殺。如果原島教授回答：「A先生的見解根據這樣的理由，令人質疑」等的話，總會再度滔滔不絕主張己見的A先生，竟默不發言，眞令人不敢置信。從回答問題的方式，可看出原島教授的品德；「發問者很想說明己見」「發問者想請大師聽聽自己的想法，並請他在衆人面前給予評價」；這是原島教授看透發問者內在的願望後，所做的處理方式。

發問者的心聲

發問者如果想要對方肯定自己的想法，就應該具有詢問的心得。

演講會上的問題，至少必須符合以下二項要件：

(1)演講會的目的，是聽演講者說話。發問者必須認識此一客觀事實。演講會的目的，決不在於提供支持發問者之「己見」的材料，也不在於審核發問者之「己見」是否成立。因此，極其當然地，發問的問題必須符合當天演講的內容。原島先生，可能認爲發問中也會有值得參考的事實吧！於是，也側耳聆聽問題。然而，聽講者更應該傾聽演講者的內容。因爲，針對當天的講題，演講者大多較聽講者或發問者擁有更深入豐富的學識。

(2) 發問的內容最好儘量鎖定具體、客觀的事實。例如某位女性是否有雙眼皮？身高是否爲一百六十公分以上？均屬客觀的事實。因此，凡有關諸如此類的問題，回答者均可依據事實回答。但是，某位女性是不是美人？則已涉及主觀思考。所以，一旦雙方意見不合時，便很難下定論；即使爭論，也只不過是抬槓罷了。

渡部昇一先生所主張的說服三原則

上智大學的渡部昇一先生，在其著作『雄辯術的時代』一書中，列舉有效說服的三原則。而該歸納結果如下：

〔第一項原則〕 確信自己的主張。除非眞心地認爲自己的說法正確，否則不管如何說服別人 都會缺乏迫力。說服即是將自己的想像傳達給對方，取代對方以往的想像的作業。正因如此，更必須擁有自我確信的鮮明想像。

〔第二項原則〕　凡是能夠客觀證明的事物，均不加以爭辯；如果能夠的話，還請多加利用。即使那是對方所提出的資訊，也不例外。而關於無法客觀證明的事物，自己也應該堅持要使對方接受的意識（自覺）。

〔第三項原則〕　利用比喻手法。此爲傳達想像所不可或缺的有效手段。傳達給對方的，不是語言，始終必須是想像。

學術性的爭論和政治性、宗教性的爭論

再者，看過了先前渡部先生所列舉的三項原則之後，我發現「爭論」必須分爲兩種類。一是學術性的爭論，另一是政治性、宗教性的爭論。

學術性的爭論中，重視「事實」和「理論」。必須檢討某學說是否受「事實」支持？該學說採用的「理論」，依照目前學術的水準看來，是否妥當？當然，有時針對「事實」的「解釋」，互有分歧。但是，「解釋」是「作業假設」，而非「信念」。另外，還得根據該「解釋」或「作業假設」，進行相關的「調查」和「實驗」；再根據從此得出的「事實」，檢討原本的「解釋」和「作業假設」的妥當性。缺乏應爲判斷的材料時，我們應該保留判斷，表示：「不知道」。萬一依據不足的「事實」，藉由「信念」立下學說的話，便無法看清應該觀察的「事實」。

我們應該據「事實」和「理論」力爭；渡部先生主張的「確信」和「比喻」，即使是有效說服的輔助手段，也決非本質性的要件。

相反地，政治性、宗教性的爭論其目的，卻在於如何達成自我的意圖，以及如何使對方接受過來人的信念。

日蓮的爭論方法

試舉一例說明日蓮的爭論方法。日本文學家高山樗牛，曾誇獎日蓮說：「我未曾閱讀過如此雄偉以及論難的文章。它不但叙說特別冷靜的理論，而且字裡行間還隱藏著火焰般的熱情。這正是藉理論論難的一大抒情文。」（『高山樗牛全集』第四）

如今，日蓮教義仍舊撼動著數百萬人。日蓮教的信徒中，多的是熱情洋溢的人；而且任何時代裡信徒們均熱烈參與宗教活動，此一系統分出了許多的宗教。至於日蓮的宏大說服力，到底來自何處呢？

日蓮確信『法華經』才是主張最高眞理的經文。釋迦牟尼在其晚年弘法的『法華經』中，闡示最高的眞理；至於之前其他的經文，只不過是到達『法華經』闡述之最高眞理的方便途徑（權宜手段）而已。我國正因爲信奉『法華經』，才能得救。這個社會上，大家都背離了『法華經』的主旨，轉為信奉邪教。因此，善神拋棄了國家，惡魔得力，致使災難不斷。萬一此狀態持續的話，內亂和外患二難將雙雙降臨。因此，我們應該立即改變信仰捨棄邪教，實踐『法華經』的教義。

日蓮深信自我主張的正確性，賭上一命挑戰迫害。

但是，他的主張在文獻學上和學術上而言，是錯誤的。現在，一般認為『法華經』是釋迦牟尼死後經過數百年，亦即於紀元前後或回溯至更早期，由菩薩團創立的。菩薩團是一個以象徵佛陀的佛塔為中心，只由在家衆組成的信仰團體。

「唯法華經為教主釋迦牟尼之正言（唯有法華經，才是釋迦牟尼佛的正確教義）。」

至於這種『法華經』才是弘揚最高的眞理此一說法，只不過是根據日蓮主觀思想的信念，毫無客觀的根據。因此，同樣也可能依據主觀思想，而將其他的經典視為最高的經典。

自信和攻擊性

但是，日蓮表示：

「日蓮熟悉各佛經的優劣，這一點勝於花嚴教的澄觀、三輪教的嘉祥、法相教的慈恩以及眞言敎的弘法。……當代日本的首富，捨我日蓮其誰。我的性命早已奉獻給法華經了。但願能萬世留芳。我一旦成爲大海神，各家河神均將服從於我；如果我成爲須彌山王時，則各山神能不服從於我嗎？」（『開目鈔』）

日蓮自誇在辨別各佛經優劣的能力上，勝於弘法大師等人。他以日本首富自居，且自喻爲大海神、須彌山；並堅信不疑自己會萬世留芳。

一般的善男信女沒有像日蓮那樣，熟讀佛經。眼見對弘法大師等頂頂大名高僧的學識不屑一顧的日蓮，莫不大受震驚，心想：說不定他就是一位了不起的大人物。事實上，日蓮的自信感動衆人；果然應證其預言，萬世留芳。

日蓮的表達方式，的確是直接、果斷而易懂。有了這樣的自信和熱情，日蓮在日本佛教的始祖中，遺留了爲數更多的著作。

信奉『法華經』，就能救國；此一論調在今日，很明顯地毫無科學根據。但是，『法華經』能救國——即是日蓮全身全靈實際感受的事實。日蓮又說：

「除了日蓮之外，還有哪一位僧人爲了法華經而遭受衆人惡言謾罵，甚至加以刀、棍傷害呢？沒有日蓮，此一偈的未來記（法華經）將成狂言妄語」（『開目鈔』）

的確，日蓮的弟子曾遭殺害，而日蓮本人的額頭也曾傷過。有一次，日蓮受當局打壓流亡於佐渡的途中，差一點就在鎌倉由比濱的龍口附近被砍頭。但是，日蓮依舊大言不慚。他的心中毫無迷惑，卻站在高處吶喊責備迷惘的人們。

日蓮文章中所見的另一大特徵，即是攻擊性。他不斷批評其他宗教「念佛無間、禪天魔；眞言亡國、律國賊」；又說：

「此經文（法華經）勝過一切經文。是陸地上的王者，猶如獅子王；亦是飛翔者之王，猶如鷲鷹王。而南無阿彌陀經（此經典不存在。可能指法然上人等所尊崇的經文）視同雉鳥，亦如野兎。遭鷲鷹獵獲即流淚，受獅子攻擊則悲痛欲絕（驚慌失措）。凡念佛者、律僧、禪僧、眞言師等莫不如此。挑戰法華經的行者，個個莫不失魂落魄。」（『消息文、千日尼御前回答文』）

每個人都有攻擊慾望。假如篤信日蓮，能夠獲得行動的指針、賦與可責難攻擊別人的正當根據的話，當然會有更多人遵從他了。

打動人心的說詞原理

凡主張宗教或某種政治主義，打動衆人的心並驅使他們採取行動的說詞，大多依照以下的原理。

(1) **正確性的原理**　擁有自己經常站在正確立場的堅定信念。對其他主張的依據提出質疑，但幾乎不懷疑自我主張的根據。

(2) 斷定性的原理　相信正確性之後，表現的態度經常是斷定的。例如會採取「……是……」「顯然是……」的表現方式；決不會採取「可能是……」「一般認為……」「我想……」的表現方式。

(3) 優越性的原理　前提為自我的主張是正確的，其他的主張是錯誤的。因此，自己會毫無條件地認為高人一等。從此，批判他人時，便採上位者批判下位者的態度，從不會站在同等的立場議論。甚至有時還會以高壓、強橫的態度指責別人。

(4) 攻擊性的原理　其他的主張因為是錯誤的，故經常成為嚴厲批判、攻擊的對象。話說：「攻擊是最佳的防禦」；因此，經由攻擊其他的主張，才更能提高自我主張是正當的信念。

我們遇到別人充滿自信的言論時，切勿囫圇吞棗，務必仔細思考、審查、檢討。這樣一來，才能避免陷入錯誤的判斷。日蓮的主張，即使在文獻學上有問題，但是日蓮的爭論方法本身，確有值得學習之處。

有些學者的文章，過於愼重採用迂迴的說法，含糊其詞，令讀者不易察覺筆者到底想說什麼。這一類的文章，大多是雙重否定或推測語氣的用詞，例如：「並非完全沒有。」「並非不能說是……吧！」「可能也可說是……吧！」「一般認為是……吧！」等。

這一類的文章，一旦成為爭論的對象，便容易受到直接、果斷的表現方式打壓。縱使內容再怎麼正確，也容易招架不住。因此，爭論時，應該提出確實的證據，直接了當且充滿自信地表現。

史班斯著『絕對議論不敗法則』

只是，攻擊性的議論大多無法獲得他人的共鳴。

蓋瑞・史班斯（Garry Spense）著作了一本『絕對議論不敗法則』。據ＯＢ廣告表示，此書為全美突破一百八十萬冊的超級暢銷書，作者是四十年來「議論」不敗、百戰百勝的法庭律師。

此書記載了一段作者史班斯年輕時，飲恨敗北的故事。

美國的評審，採陪審員制。

史班斯先生對自己要求傳訊的證人，一一攻擊。他在陪審員的面前，嘲笑、愚弄、輕蔑證人。他雖然如此攻擊所有證人，卻無法在審判法庭中獲得勝訴。

史班斯從此一經驗中，學習教訓。史班斯先生，於是開始對陪審員們說起「鳥的故事」（Bird Story）。

史班斯先生說：

「從前，有一個地方住著一位充滿智慧的老人和一位傲慢的年輕人。少年的心裡有個願望，那就是揭露充滿智慧的老人，實際上是個愚者這件事。於是，少年計劃先以雙手罩住小鳥，前往老人的家中，問他：『老公公，我手裡拿著什麼呢？』充滿智慧的老人可能會回答道：『是鳥。』

接著，少年再次詢問：『小鳥是死？是活？』如果老人回答：『死了』，少年就準備放開雙手讓小鳥飛回森林裡。但是，老人如果回答：『活的』；少年便打算掐死手中的小鳥。而後，再打開雙手說：『你看，老公公，牠是死的！』

稍後，少年來到老人的住處，按照原定計劃，詢問道：『老公公，我手裡拿的是什麼呢？』

『是鳥啊！』老人回答道。

『老公公，那小鳥是死？是活？』少年以愚弄的口氣問道。

結果，老人以充滿慈祥的眼光望著少年，回答：『小鳥正在「你的」手中啊！』

接著，我轉身望向陪審員說：

『各位，我的委託人的性命正在你們手中。』

這則故事代表著，將委託人的性命交由陪審員決定，後果有多麼嚴重。此時，律師和陪審員之間不再有對立；但是，陪審員從這則故事中，終於了解史班斯的用意，了解到儘管自己握有完全的權力，也無法奪走小鳥——也就是他們手中委託人的性命。」

後來，史班斯先生調查事實眞相，再將它編成引人矚目的故事。

而那所謂的「事實」，又是什麼呢?史班斯先生數日來與委託人寢食與共，親眼目睹委託人的痛苦，感同身受。

史班斯先生又寫道：

「試舉爲了無精打彩地回到空無一人的房間的男子或老馬尼特製作蹄鐵的鐵匠；即可得知使用代表動作的動詞，栩栩如生地描寫，能夠避免那些僅能傳遞給對方的一丁點抽象的詞彙。一旦對方以抽象的詞彙說明時，我會感到焦慮不安。大多會要求他舉個例子吧！讓我看看該如何幫助別人；畫個地圖或圖表解釋一下吧！按照事情發生的時間順序，列表告訴我吧！讓我『看看』何時發生何事吧！不要告訴我男子受傷、大腿骨骨折，讓我看看骨折的腿部照片吧，讓我看看X光照片吧！不要告訴我他的痛苦，告訴我他骨折後骨頭刺穿肉的感覺如何。告訴我那是什麼樣子！總之，設法讓我親眼目睹，讓我眞實感受吧！讓我能夠了解，讓我能爲他擔心吧！假如我不能夠爲他擔心，那麼哪能讓人爲他擔心呢?」

從史班斯先生的文章中得知，一般市民擔任的陪審員，到底根據什麼做判斷的。

詐欺的說服——希巴的故事

有一本書『理性的動搖』（青山圭秀著）。那是一本相當轟動的書，一九九三年出版；但是，我手中一九九四版的書，卻已經是二十四刷了。

此書的作者，生於一九五九年，畢業於東京大學教養學系。擁有醫學和理學雙博士，現任東邦大學醫學系的客座講師。

青山先生介紹刊載於『THE WEEK』雜誌中的文章，如下：

「毫無疑問地，希巴是天神的化身，是我國（印度）最受尊崇的人物。在聖者輩出的本國度裡，連地圖上都找不到的小村落裡的少年沙地・那拉耶奈・拉謝，竟搖身一變成爲尊神沙地・希巴，這簡直令人難以置信。他沒有史瓦米・淸馬耶奈達般洗練的氣質，也沒有約基那樣跑遍全世界，身旁圍繞簇擁著醫師和學者，白手起家的才幹。但是，他那扣人心弦的噪音以及充滿慈愛的眼神、捲曲的黑髮和橙色的長袍，吸引了無數人前往布達巴爾地。

各種類的人紛紛皈依於他。著名的科學家、哲學家以及現任的政治家們，均毫不猶豫地跪倒在他跟前。單單例舉我這次看到的人物，個個都是佼佼者；包括著名學者相卡爾・達魯・謝爾曼、首相馬利・江奈・雷帝、前最高法庭庭長P・N・巴格瓦帝、前國防部長S・B・江巴、傳播界大亨拉姆奈特・哥恩加等人。而且，希巴生日當天，R・韋加達拉曼總統也親自出席。他出席沙地・希大學的表揚儀式，並於慶生會中致詞，如下：

『我們大家何不一起實踐希巴的五項根本原理——眞理、正義、平安、愛、調和呢？』

希巴的魅力之一在於所謂『奇蹟』。他能夠透過物質化現象憑空變出灰土、神像、戒指和項鍊，他能夠使行動不便的人走動，使啞巴說話，甚至讓死人復生等等。諸如此類的證言，不勝枚舉。自海外各地聚集了九十八國約一萬人信徒；而本雜誌所訪問的人，則從未懷疑過希巴的奇蹟。不但如此，數名外國人甚至證實希巴在自己家中變出蜂蜜（物質化），或者從希巴的相片中出現了聖灰。

一些不承認奇蹟，也就是所謂的合理主義者們，群起攻擊希巴；但是，卻無法說明日益升高的神秘性。今日，沙地・希奉獻財團在一百個國家中約擁有一千個基金會，經營者多數小、中、高等學校、大學、醫院、老人安養院等。頑固的合理主義者們，也不得不承認這些機構的成績吧！」（摘自一九九〇年十二月九日號「希巴的傳說」一項）

接著，青山先生記述自己在印度會見希巴時的親身遭遇。

「希巴從神殿後的木門內，緩緩地出現。如朋友所言一般，那簡直是在遠方發生的景像。可是，當希巴轉身，視線投向我的那一瞬間；不可思議地，我的身體掠過一陣電流，全身起了雞皮疙瘩。這種體驗已經聽別人描述過了；但是，親身體驗卻是頭一遭。這使我不知所措。

我該如何說明當時的感覺呢？那是一種極端接近原始之感官的感動。雖然我從照片上看過希巴好幾次；但是，這次的體驗完全是不同次元的遭遇。」

青山先生受邀進入訪談室，如願以償地訪問希巴。

「房間才八張榻榻米大，很簡陋；擺置著木床、木窗以及木造的希巴專屬椅子。當時已有五名白人在座，他們每一個人都可稱得上是ＶＩＰ級的人物。

首先，希巴轉動雙手變出了聖灰，直接送給各位。聽說這是向邀訪他的來賓，施行的『打招呼』方式。

魔術（物質化）在眼前約一公尺半處進行。我凝目注視，心想過程中希巴會有何舉動，或者東西到底從何處出現的？但是，說時遲那時快，當我發現時，希巴手中早已握著聖灰了。當然，這是我第一次如此近距離欣賞希巴的物質化現象。

一般，聖灰是烘焙聖牛的糞便製造而成的。但是，希巴賜給的聖灰比起前者更細緻，而且呈現一抹無限接近白色的灰色。我以前也拿過希巴信徒所給的士凡林橡膠製成的聖灰；看起來好像是同一物質。亦即，希巴大概會親手變出和在信徒家中變出同樣的聖灰吧！我捨不得當場吃下它，於是用紙包好帶回家。」

「希巴取下其中一人指上的戒指，拿給大家看，說：『這是什麼呢？』

希巴拿著戒指，手心裡沒有其他的東西。

『那是戒指！』

R先生回答道。

『沒錯，這是一枚銀戒。不過，他更適合金戒指。』

希巴如是說著，便從握著那枚戒指的手上呼、呼、呼地吹氣三次。我又再度凝視仔細注視他的舉動；但是，當我發現時，他手中的戒指已經變成了金戒指，而且鑲在戒指上的寶石也變得更有份量了。這一瞬間，宛如被迫欣賞一幕幕拼湊而成的影片。」

青山先生，又寫道：

「讓我們僅思考一下物質化現象吧！希巴每天變出各種東西交給信徒。其中，除了戒指、項鍊、手鐲和時鐘等小玩意兒之外，也有佛像等龐大的物品，總計此五十、六十年內，其數量應該相當可觀！實際上，這些物品被世上無數多的人所擁有。

假定希巴繼續不斷地變戲法的話，這段期間，一定有業者繼續供給此量的物質。

而且，還必須要求所有參與其中的相關人員三緘其口，又必須在至親好友毫不知情的情況下進行。再者，尙需龐大的資金；因此，長年以來，出現一、二位察覺此行爲愚蠢而脫口揭露內情的人，也不稀奇。原本，剛開始希巴還只是孩童時，情況又是如何呢？……（E・Haraldson 著『MIRACLES ARE MY VISITING CARDS』中指出，曾經有人付出多大的勞力和歲月，致力於此查證工作）。

當然，實際上希巴的奇蹟範圍廣泛，如果一切都是戲法變成的話，更需要周全的準備和充足的資金。只是，有一前提，即是他可利用戲法治病，甚至變出東西供應給遠方的信徒。我認爲能夠有邏輯地說明此一現象的方法，恐怕只有一種。亦即，認定希巴實際擁有此超能力。目前爲止，除了做此最單純的說明以外，再也找不出具充分說服力的說明了。

難道如青山先生這種理性的知識份子，竟如此輕易地相信希巴的奇蹟了嗎？

立命館大學教授安齋育郎先生，在其著作『人爲何受騙？——非科學之科學化』一書中，關於希巴，有以下的說明：

「最近，印度聖人沙地・希巴受人矚目。這一則熱門新聞的起因是，與象棋界前女輩名人（高手）林葉直子的『失蹤事件』有關，媒體引起一陣騷動，認爲『她可能前往希巴的聖地』；然而，事實上，希巴很早以前就一直從事社會活動，並不是現在才開辦新的事業。希巴大師從不強迫人們信奉特定的教主，一視同仁地接納各方信仰的神和佛。他利用衆人捐獻的龐大金額創辦醫院，實施高等教育培育有爲人材，建設具現代化醫療設備的醫院，救助許多人的性命。因此，希巴頗具聲望；不只是亞洲，連歐美各國的人士均深受希巴的魅力吸引，陸續遠道而來。」

「此『希巴信仰』的要素之一，是『超能力十足』的『物質化現象』。希巴大師，在接見信徒時，一面接過信徒給他的信，一面緩步前進。但是，卻時常玩弄以空無一物的右手在半空中虛晃幾下，自掌中取出白色『聖灰』的奇蹟特技。在個房中進行私人接見時，他也經常將項鍊和戒指『物質化』。拜希巴爲大師的衆人，似乎將此技巧視爲一種『超能力』。但是，科學家們當然不這麼認爲。物理學家中村誠太郎博士也指出，如果毫無一物的手掌中眞的能產生一公克物質的話，不管那是白色粉末、項鍊或戒指，他的手掌便隱藏著足與長崎原子爆發威力匹敵的能量，而那物質便是該能量瞬間產生的結果。此以相對性理論爲基礎的眞知，哪是能夠以『既然是物理法則，難免會有例外』如此簡單地一筆帶過的。

關於所謂『希巴的奇蹟』，印度的CSICOP（超常現象科學調查委員會）刊行一篇報告書。該書中，『奇蹟』的內容以『徹底對照事實』爲原理，充分且徹底地查證。報告書中一概排除『希巴是聖人，不可能騙人』以及『他是神的化身，不可能會變戲法』等預設立場，儘管針對『憑空變出聖灰之奇蹟特技』，也取材教團的宣傳錄影帶，由包括魔術師在內的專家一一查證。

結果，報告中浮現出的希巴形象，即是一種扮演神秘性的怪異教主形象，他只不過是一位充滿矛盾、時常吹牛、必要時也變變魔術的平凡人罷了。而這樣的平凡人比起萬能者。正人君子的希巴，更有人情味也更令人深感興趣。信或不信，屬個人自由；但是，至少認淸事實才是認識世界的基本吧！」

我個人贊成安齋先生的見解。

本來，如果希巴眞能輕易地「物質化」的話，又何必要求信徒捐款呢？希巴可以將一切所需「物質化」。因此，印度和全世界應該從此不再有貧窮的人。而希巴只要專心致力於「物質化」，再將物品施捨給貧窮的人即可。

倘若希巴眞有「物質化」的能力，則世界上的科學家們更應該研究此「能力」。豐富世界的光明大道應該將就此展開。

「親眼目睹」亦不可靠。

我任教的大學裡，有個學生會玩魔術。他的手法漂亮極了；即使站在距離一公尺處凝神注視，也看不出任何破綻。連外行學生的技巧都能如此精彩。

安齋育郎先生，在『人爲何受騙呢？』中說道：

「很多時候，目睹耳聞該現象的人們，往往將自我感官所捕捉的『事實認識』視爲絕對，沒有經過嚴密的查證，便對該命題信以爲『眞』。亦即，使『自我體驗』絕對化，讓人毫無懷疑的餘地；且『無視』乃至『輕視』是否和科學家們自太古時代不斷累積而來的龐大知識體系發生抵觸。」

「在『超能力』所課之不充分的查證條件之下，即使僅能彎曲一支湯匙，也難免完全捨棄科學的觀點。這在科學家眼中，是無比的遺憾。」

「雖然將經驗絕對化，輕視理論整合性的危險，自古便受到指正；但是，『親眼目睹』『親耳聽聞』的體驗所擁有的說服力，是非常強烈的。」

「百聞不如一見」這句諺語，也不太可靠。

我們的社會制度建立於「善意」之上。

搭乘寫著「往東京」的電車，不會被載往大阪。因此，我們才能安心地搭乘電車。

由此，不免產生「懷疑是不好的」的感覺。

又有古諺云：「懷疑一個人之前，必須查證七次。」

亦即，「我單純地相信他，有什麼不對呢？」

但是，一個人僅仰賴「樸實的心」，是無法活下去的。

留著非洲土著頭，一向平易近人的希巴，即使創辦了氣派的醫院，在印度實施頂尖醫術的治療，仍舊有其意圖，而這樣的手段並不能使其目的正當化。我們必須小心謹慎，並且具備看透欺騙伎倆的能力。假使不培養此種能力的話，就容易受騙上當。於是，有人便花了好幾百萬，接受可疑的「治療」。

千萬不要忘記有些宗教團體主宰擁有樸實信仰心靈的人們，迫使他們從事殺人的勾當。

討論和宣傳

討論，一般按照以下步驟進行。

(1) 訂定討論的議題。

(2) 針對議題，分爲二組進行討論；一組爲贊成，一組爲反對，並規定二組同一人數。（若在學校舉行時，請將學生分成贊成組和反對組。有時，會發生學生原本不贊成該議題，卻被分至贊成組的情形。）

(3) 完成調查議題的準備工作後，再進行討論。討論過程中的發言，雙方均給與相同的時限。

(4) 贊成組的討論者一人發表後，再由反對組的討論者一人發表。輪流進行發言。

(5) 給與質問、反論以及答辯的時間。

(6)評審針對討論者所提出的證據、推論、理論的架構和表達方式等，給與評分。

討論訓練討論者針對某問題，從各種角度進行深入的探討；同時，也練習條理分明地將自己的意見傳達給別人。

討論一詞，因奧姆眞理教事件而出名。因爲奧姆眞理教的文宣部主任上祐史浩先生，是一位受過討論訓練的人，而且經常上電視亮相所致。

可是，我觀察上祐史浩先生在電視上的說明方式，心存疑問。難道這眞是討論嗎？這毋寧是污蔑「討論」之名，不是嗎？

上祐先生的議論方式，具有以下的特徵：

(1)議題未經第三者公平選定。媒體藉口聽取奧姆眞理教的意見，不斷地採訪、取材。爲此，難免選擇上祐先生容易說明的議題。而且還演變成不上電視的選擇權，在於上祐先生一方的形式。媒體透過賦與上祐先生選擇權，等於委任上祐先生某種權力。

(2)上祐先生和對方討論時，只要找到一處可根據「事實」反駁的言論，便徹底攻擊。他會事先準備說明陣容，提出詳細的反證。如此，將引導觀衆認爲對方「所有的議論」是錯誤的。

(3)既然賦與上祐先生議題的選擇權，也必須賦與對方另一議題的選擇權。而且，還必須讓對方擁有相同程度的準備。另外，也必須賦與雙方同等發表、質問、討論的時間。但這一點似乎有欠公平。

(4) 電視播映的時間有限。即使僅就一論點討論，也很可能在有限的時間內長篇大論一番。

觀衆便會覺得上祐先生有意根據「事實」發表談話。

(5) 發言的明晰性和主題設定等，的確適合電視討論。

(6) 但是，根據整體的狀況判斷，總覺得不對勁。包括上九一色村居民的憤怒、被剝奪財產和肉親者的哀號，以及對這些人的共鳴，完全付諸闕如。不只是自己幸福，對方是否也獲得了幸福呢？採用的方法是否妥當呢？是否從事非法活動呢？這一切都沒有經過仔細地調查以及公平的判斷；只不過是語言上的議論而已。

(7) 選擇上祐先生方便的時間、提供有利的主義和資料，自有利的方向切入主題說明。

鏡頭上充滿著將不合理的各項事實，說明得有條有理的誇張、隱瞞或不利事實的忽視以及隱藏。

觀衆也漸漸地發現事出蹊蹺。於是，一度流行俏皮話「你那樣說，我就這樣說；我這樣說，你就是上祐（「上祐」音同「你那樣說」）。

例如，電視上曾出現過以下的詢問。

「上祐先生，你眞的看過麻原先生飄浮空中的景象嗎？」

上祐先生回答道：

「是的，我看過。它給我的感覺是緩緩升起、緩緩降下。」

雜誌上發表的照片，是拍攝麻原先生雙腳交叉、趁勢躍起的一瞬間。

果然，拍成錄影帶加慢動作（Slow motion）處理，當然也會形成「緩緩升起、緩緩降下的感覺」。至於如何判斷「緩緩」的程度，應屬個人主觀的問題。

可是，刊載麻原先生所寫文章的雜誌『MOO』等，介紹麻原先生的照片，不是「空中飄浮」而是「空中游泳」。

(8)奧姆眞理教方面，幾乎以上祐先生爲主亮相；而對方卻是數人輪流亮相。因此，上祐先生漸漸地成爲起居間的熟面孔；這種作法應該視爲收到一定的宣傳效果。

但是，如此一來，討論行爲不再是說服的方法，而變成了一種宣傳的手段。

由於上祐先生一向以這種方法傳教，所以也蒙蔽了自己而不自如吧！

看了血友病患者的愛滋事件後，不難發現似乎越來越多人缺乏同情別人不幸遭遇的心理，反爲了自保而逞口舌之能。強烈主張堅守自身的權利，不顧他人的權利和不幸。這到底是什麼世界呢？

第3章

語言的說服

1 同感的說服

帕斯卡主張的二種方法

「說服」的「說」字有「言字旁」；可見，「說服」本來就是透過言語，以獲得對方贊成的。但是，人並非單僅以言語就能被說服；大多是經由對方所採取的行爲、行動或自己被迫採取的行爲、行動，而被說服的。

根據社會心理學者亞倫和菲斯汀格的實驗結果發現：令對方注意說服者性格的說服效果，比令對方注意其說服內容的效果更大。再者，在行動上，說服者的性格較其言辭更加地表露無遺。

話說：「默默實行。」

又說：「前功盡棄。」

如果一個人經常遲到或沒有好好完成應盡義務的話，不管話說得多冠冕堂皇，也毫無說服力。

關於行爲、行動的說服，至此已多方解釋了。

本章主要說明言語的說服。

法國哲學家帕斯卡說過「說服別人，有二種方法」。

其一是討人喜歡的說法之方法；另一則是徹底憑理議論，擊敗對方的方法。接著，帕斯卡表示自己不擅長第一種方法，故不在此介紹；另外，針對第二種方法，亦即理論的說服方法詳細說明。也就是說，帕斯卡主張言語說服的方法。

我姑且將帕斯卡主張的二種方法，如下命名：

(1) **同感**的說服方法

(2) **理論和事實**的說服方法

以下將言語說服略分為二說明。

「親愛的（ANADA）」三個字

首先，解釋同感的說服。

那是數年前發生的事情：南極探險隊中，有一位剛新婚不久的隊員。某天，那位隊員收到了來自日本新婚妻子的一封信。信封上只寫著斗大的三個字。

「親愛的」

雖然只有這三個字，但是字裡行間充滿著新婚妻子無盡的思念。諸如我想見你、我想依偎在你身旁、我想要你、我想聽你的聲音等，如此的思念躍然此三個字之上。

有人說：人類是感情的動物。

如訴諸於情的方法，即是說服極爲有力的方法之一。

同感的說服中，首要的是有顆體貼對方的心，滿懷眞情。

但是，即使滿懷眞情，也有可能因表現力太差而導致說服失敗。運用言語進行同感說服時，尤其經常需要運用「比喩」的能力，即適切比喩事物的能力。於是，以下將稍加詳細說明「比喩」。

比喩與想像結合

前述的大本敎出口王仁三郎之「人入虎口」故事中，即使用巧妙的諷喩。

又如律師史班斯在『絕對議論不敗法則』中所舉的「鳥的故事」也是舉例。這就是一種比喩。

之前已介紹過渡部昇一主張的有效說服三原則之一的「運用比喩」。

比喩有二種作用：一是將比喩的事物與想像結合的作用；例如聽到「蘋果」一詞時，我們的眼前便浮現出鮮紅渾圓的蘋果外貌。這就是蘋果的聯想（心像）。此想像與我們的感覺有著密切的關係。而且，我們對所有的五感均持有固定的想像。如火車的聲音＝聽覺、酸梅的滋味＝味覺、女朋友的手＝觸覺、鰻魚的味道＝嗅覺，這一切可說均以想像浮現心頭的。

比喻的重要作用之一，凡想像不足者或難以聯想者，均可將之與想像清晰者結合，以便加深對方的印象。

試想「針一般敏銳的神經」如此的形容方式。我們很難聯想到「神經」；即使說是「敏銳的神經」，我們依舊不太清楚。所以，便藉由「針」此一想像清晰的話語，如此才能有如親眼目睹般地說明神經有多麼敏銳。

試想「冷若冰心」之比喻。我們在觸覺上能夠想像得到冰有多麼寒冷。為此，透過「冰」的形容，即可有如親手觸碰般感到心的冷漠。

即便是前述的出口王仁三郎之諷喻，亦充分活用給與想像不明者聯想空間之比喻作用。即，以「老虎」比喻缺乏國家權力之具體想像者，又以「老虎面前的人」比喻成大本教。如此歷歷如繪地成功表現大本教所處的立場。

比喻彌補語彙之不足

比喻具有彌補語彙不足的作用。幼兒便時常以出乎意料的新奇表現，令大人們大吃一驚。有一位從未看過雪的女孩；某天，這位女孩坐在窗邊，看到天空飄下白色的東西。這時女孩說：

「啊！天空下飯了。」

她以「飯」此一自知的語彙表現「雪」。這屬於比喻中的暗喻。這位女孩即是以比喻彌補語彙的不足。

再舉一個例子。某位男孩長時間端坐，站起身來。結果，雙腳發痲。可是，這位男孩不懂「發痲」此一詞彙；於是，男孩說：

「啊！我的腳在喝汽水。」

原來，汽水通過喉嚨時有汽泡跳躍的感覺，而這感覺類似雙腳發痲時的感覺。如此的形容眞是妙不可言。這也可說是一種暗喻表現。

「我的腳在喝汽水」，這句話絕不算是理論的思考。但是，我們卻產生「原來如此」之感；故具有一種說服力。

有的男生看到柿子中出現種子，就說：

「啊！柿子有骨頭。」

比喻的種類

比喻有各種種類；在此例舉主要的種類說明。

第一、「直喩」，又稱「明喩」。
第二、「暗喩」。又稱「隱喩」。
第三、「聲喩」。此乃指「擬音語」、「擬聲語」、「擬態語」等。
其他另有「諷喩」、「換喩」等比喩。

(1) 直喻——直接比喻

第一項的「直喩」，是比喩中最常運用的手法。一般會使用「像……」或「如……」的詞句，直接地比喩。

「女子雙眼閃耀著劍一般的光芒。」
「森林裡柏樹寂靜的葉波，一瞬間如濡濕的銀鱗般閃閃發光。」
這是描寫月光投射至森林中柏葉時的景緻。
一旦過度使用「像……」或「如……」之表現方法的話，文章會變得迂迴、齷齪。故為避免發生此一現象，有時會運用稍微不同的表現方法。
「那顏色崇高又森嚴得幾乎令人回想起尊貴女王臨死前的面頰。」
在此，利用「幾乎令人回想起」代替「像面頰顏色一般」的詞句。
「指甲顏色之鮮豔不輸在江之島海邊所採的貝殼……」

在此，以「不輸」取代「如……」之詞句。如此，透過其他的詞句，更能夠避免直喩的迂迴性。

如果再三運用有效獲得對方同感的比喩，也會疲乏，失去新鮮感。又如「升上天堂般」或「口嚼砂石般」這樣的表現方法，如今已成了日常用語，和一般的語言無異。亦即，比喩已失去了比喩的生命。

一般傾向認爲年輕人的感覺新鮮，故多使用比喩；一旦年長之後，便不太使用比喩。爲此，儘管年輕人認爲這是有趣的比喩而加以運用；但是，有時年長的聽者根本是不了解。有很多例子顯示小說家年輕時，多運用比喩的手法寫了文藻華麗的文章，當他們年紀漸長時，便改描寫成熟淡然的文章。

(2) 暗喩——以其他事物替代

接著，「暗喩」是如「近松門左衛門是日本的莎翁」般，不使用「像……」「如……」，而以其他方式表現的比喩。這種表現方法中，包含了所謂的「擬人法」或「擬物法」。

中國史書中，有一本『新元史』。其中的「日本傳」裡大量地描述元寇的樣子。「遙望西方的對馬列島，目睹汪洋萬里、風濤翻天……」

此「風濤翻天」的表現，可視爲擬人法。

松尾芭焦的『奧之細道』中，有如下一段的描述：

「島嶼數量難盡，聳立者指天，潛伏者弄波。」

這也是擬人法。

井上靖先生的小說文章中，動詞的使用方法有其特徵。例如，山和山之間有一條河；一般我們會描寫道：「一條河流過山和山之間。」但是，井上靖先生卻採不同的表現手法，如「河川急奔而過」或「河川貫穿山脈」等。這種說法，可說是介於暗喩和一般叙述之間的微妙表現。爲此，我們在閱讀井上先生的文章時，雖無大肆修飾文章之感，卻有極鮮明的感受。亦即，宛如親眼所見、親耳所聞、親手所觸的感受。

(3) 聲喩——擬聲語、擬音語、擬態語

「聲喩」有「擬聲語」、「擬態語」、「擬音語」等。「擬聲語」爲「貓兒喵喵叫」等表聲者，「擬音語」則爲「門咔噠咔噠地響」等表音者。至於「擬態語」，則是將沒有聲音者表現得宛如有聲音者一般。例如「每天悠閒度日」的「悠閒」之類。「撲簌簌地掉眼淚」「棣棠花悄悄散落瀑布聲中」的「撲簌簌地」或「悄悄散落」等，也是「擬態語」。

「聲喻」可說是訴諸聽覺想像之形式的比喻。

(4) 換喻——以部分代表全體

所謂的「換喻」，即是如以「持弓箭之身」表示武士的說法。在此，比喻者與被比喻者之間有著主體與屬性、全體與部分等關係。

例如，過年時一群年輕男女來家裡玩，一陣「哇哈哈……」「喔呵呵……」地熱鬧歡笑之後，告辭離去。而後，這家主人便形容表示「哇哈哈和喔呵呵都回去了」；這時，「哇哈哈」意指青年，而「喔呵呵」則代表小姐。這也算是一種「換喻」。「持弓箭之身」「哇哈哈」以及「喔呵呵」，比「武士」「青年」和「小姐」更能呈現出一個既具體又容易想像的形式。

(5) 朧化法——模糊想像的比喻

除以上所言之外，尙有許多屬於比喻或類似比喻者。這些比喻法的共通點，即是具有給與無想像者或想像不明者想像空間的作用。

但是，比喻中也有若干例外。例如「朧化法」；名副其實地，這是朦朧的比喻。亦即，將不宜過分具體明晰表示想像者，模糊其想像的比喻。

例如飲酒過度嘔吐時，如果太過度具體描寫的話，即會給與聽者不佳的印象。於是，有時便以「抓兔子」表示。此外，將「廁所」說成「洗手間」或「化妝室」，也可視爲朧化法的一種。

(6) 象徵法——近似比喻的表現法

另有雖非屬比喻，卻極近似比喻的表現法；「象徵法」即是一例。

前陣子，我出席一位朋友的結婚喜宴。那時，新郎的朋友上台致詞時，說：

「今後，新郎可以不必再用洗臉盆煮飯了！」

這「用洗臉盆煮飯」一事，象徵了以往新郎所有的生活。此表現法稱爲「象徵法」。

小學生的作文裡，如果出現以下的表現手法的話，較容易獲得高分。

「小學二年級時，我的哥哥生病過世了。哥哥死後；有一次，媽媽在整理哥哥的衣服時，從他的衣服口袋裡滾出了二顆玻璃珠。媽媽看到後，便哭了起來。」

爲什麼這種作文容易給讀者強烈的印象呢？我認爲理由有二。

一爲此篇作文中使用了一種「象徵法」。即，「玻璃珠」象徵著這個「哥哥」健康地遊玩時的一切生活。而且，讀者的眼前也能浮現出這個孩子健康地遊玩時的情景。

另一則指此篇作文描寫了「人之死」。「死」帶給人類強烈的衝擊。世界文學名著中，以人類死亡為重要主題的內容，亦非常多，如托爾斯泰的『戰爭與和平』、陀思妥耶夫斯基的『罪與罰』、紫式部的『源氏物語』……均是。如此談及人類死亡的故事，容易予人深刻的印象。

泡溫泉能洗淨塵垢

數年前，幾位我目前任教之大學的老師，一起出外旅行。大家到達旅館泡過溫泉之後，就開始遊玩至深夜。當時，我和一位以缺乏口德出名的K講師同房。我因熬夜太累，以致於隔天早上起不來，K講師亦同。這時，年長的F教授推門而入說：

「你們也趕快起床去泡溫泉吧！我六點起床後，已經泡過溫泉，而且還做了冷水按摩呢！」

F教授二次大戰後曾被拘留蘇聯，度過長年的軍隊生活，他的口氣似乎在責備我們年輕人行為有失檢點。但是，我們寧可繼續睡；至於泡不泡溫泉倒無所謂。

然而，不久後，一度走出房外的教授又再折回來，重複剛才所說的話。我本著「敬老的精神」，心想勉強起床吧！想不到，K講師在被窩裡一個翻身，斜眼望著F教授笑了起來。我想這傢伙不知道又要說些什麼了。不出所料，K竟然說：

「我看F教師，你再泡二次溫泉，說不定可以洗淨塵垢喔！」

F教授一時無言以對；便語帶雙關地說：「好小子，你這個殘渣。」離去。

K講師又微笑地說：

「難道我說的話太過分了嗎？」

語畢，再度倒頭呼呼大睡。

這時，即使以理說服，F教授可能無法接受吧！因爲關於早上早起泡不泡溫泉，何者較佳這一點，不論泡不泡溫泉都各有道理。

因此，若想以理說服F教授的話，可能得耗費一番心力。如K講師這般幸辣的表現，也許是最有效的方法吧！

K講師的此一「洗淨塵垢」的表現方式，即是語帶雙關的將浸泡牛蒡之「洗淨污垢」的說法，與「執拗之人」結合。這亦屬於一種比喩式的表現吧！本例中，總結出：F教授的談話若過分強調的話，則會顯得態度執拗。這是一種爭論的技巧，縱然無法說服對方，卻可有效地使對方保持沈默。

修辭技巧的說服

所謂修辭技巧，乃指「語言的修飾」。亦是用詞遣字的技巧。修辭法，原是做爲爭論技巧而發達的。

爭論技巧中有一種很獨特的方法；它既非以同感說服對方，亦非以事實說服，更非透過理論說服，但是總能使對方保持沈默。這種方法自非常拙劣者至出色者各異。而最拙劣的方法，莫過於謾罵了。

脫口一句「笨蛋！」就是典型的謾罵；亦即將對方的一切行動、一切發言，以一句「笨蛋」概括總結。由於在整體貼上「笨蛋」的標籤，故不算是合乎理論。既然沒有經過分析，根本不知道哪裡愚蠢。因此，造成對方無法反駁。也許這種方法能有效地使對方保持沈默，但是卻無法有效地讓對方由衷地接受。

然而，這還是一種概括性的表現，總結對方的一切表現出來。但是，此表現或多或少總有修飾，當採取多少含有近似理論、事實或能夠引起對方共鳴的表現時，可能會成爲有效的說服手段。

之前提及的比喻，亦是修辭技巧的一種。

另外，必須注意的是遣詞用字間些許的差異，予人的印象便截然不同。

當上司吩咐部屬時，一句「住手」喊停，總會給人稍嫌專制、強硬之感。

如果是以下的說法，

「關於這件事，我們坐下來好好商量吧！」

部屬便會認爲上司有意聽取我的意見。

販賣商品時，一般而言，明明對方不好，卻將錯誤攬在己身並暗示對方犯錯的說法，較容易獲得對方的同感。

「那就錯了！」

「你想錯了！」

以上的說法，不夠理想。

這時，

「也許是我錯了，但是這種想法行不行得通呢？」的說法，可說理想多了。

與其採取「難道我說明得不夠淸楚嗎？」之說法不如表示「我的表達能力似乎稍嫌不足」，更容易獲得對方的同感。

因爲以上的用字遣詞中，含有體貼對方的心意。

怪獸王之爭

舉例說明之。

我認爲這是概括性的表現與若干同情心（引起共鳴）所交織而成的。

這是很久以前發生的事情，也就是我大兒子上幼稚園時發生的事情。我是一個在家幾乎不做事的人，那一年的十二月三十一日，太太終於按捺不住地說：

「你在家裡反而礙事，到別處去！」

便將我和上幼稚園的兒子趕出門。

沒有辦法，我和兒子決定去看電影，我們決定欣賞三部有關怪獸的影片，分別是『獨角獸怪電擊大戰』「大五郎V·S葛利安』和『小熊貓』。這個年紀的孩子們，腦子裡只有怪獸。

十二月三十一日的電影院冷冷清清的，恍如有著父子二人包下電影院的感覺。這時，我眞想看看過年爆滿的電影院裡，那些站著欣賞本片觀衆的臉色，活該！兒子傾身觀看電影，這爲我們父子二人上映長達三小時的電影。結束後，我和兒子並肩走過微暗的街道，踏上歸途。好一幅天倫之樂的景象。

兒子以無限感動的聲音說：

「像獨角怪獸出現的話，人類簡直不堪一擊！」

果然，影片中的怪獸，不論以大砲攻擊或投擲炸彈傷害牠們，仍舊不受任何影響。我說：

「那種野獸是蛇或蜴蜥等爬蟲類的同類，以往曾雄霸一方；但是，現在已經絕種不存在了。牠的腦筋不好，即使出現也贏不過人類的。只要投擲一枚原子彈，看這些怪獸還能囂張幾時。」

我以兒子能理解的簡易話語，說來說去。甚至認爲「啊，我眞是一位了不起的父親！」然而，兒子卻時常反駁我說：

「可是，獨角獸牠會噴火啊！」

我回答道：

「根本沒有會噴火的爬蟲類。那是編造的故事。」

「可是，電影裡眞的出現了呀！」

「電影不是眞的嘛！」

於是，我又開始針對電影的特殊拍攝技術加以說明。就這樣地，我徹底地粉碎了兒子的反駁。這是理論的說服；就連一般的大人，可能也無法反駁如此天衣無縫的說服。這是大人和小孩的理論鬥爭，宛如「殺雞用牛刀」之勢。

終於，兒子沈默不語。最後，我問他：

「怎麼樣?懂了吧！」

結果，兒子從黃昏的黑暗中偷望我的臉，帶著顫抖的聲音一臉憂戚地說：

「爸爸，說謊過度會惹人厭喔！」

我回答道：

「這不是謊話！」

之後，便無話可說。

我這方進行者理論說服，而兒子卻總結整個理論，以一句「說謊」概括地表現出來。兒子的表現未經過分析，因此，我想反駁也束手無策。而且，那不單是未經過分析且概括性的表現而已。當我一本正經依據理論，企圖說服兒子時，兒子卻體貼我、由衷地為我擔心。因此，我為之語塞。

如此，便有方法透過修辭技巧巧妙地遣詞用字，以概括的表現（貼標籤等）或投以揶揄、諷刺以及冷嘲熱諷，讓對方保持沈默。

2　理論和事實的說服方法

樹大招風

夏目漱石在其作品『草枕』的一開頭，便說：

「樹大招風，惜情受騙。」

說服別人時，動之以情和引起同感固然重要；但是，單靠此一論點，也可能會「受騙、上當」。即使多少會引人側目；但是大多時候，還是必須有條理地訴諸理智。

理論的說服，名副其實地是理論上頭頭是道，藉以獲得對方的認同。例如科學的領域裡，有時沒沒無聞的青年會發表新學說，推翻權威人士的定論。

若此新學說具充分的實驗證據，且理論上無任何缺點的話，任何一位權威也無法單憑其力予以否定。另外，「理論的思考」中，或利用數字、或利用電腦，均可按照當代科學的知識或技術發展，順勢宣揚自我的主張。

以下針對理論說服的基本重點詳加說明。

關於理論說服或論證的基本方法等，早在十七世紀，法國的帕斯卡便已於其著作『幾何學的精神』中闡述過了。

現在介紹帕斯卡的標準。

帕斯卡首先列舉如下的「定義」之三規則：

⑴ 凡一用語的說明已極爲清晰者，不須再爲它下定義。

⑵ 凡具些微不明或曖昧解釋之用語者，須加以定義。

⑶ 定義用語時，僅能使用衆所周知或已詳加說明的詞句。

接著，帕斯卡針對「公理」提出二項規則。公理是議論的出發點，又稱前提。

⑴ 必要的原理，即使是多麼地眞憑實據——即乍見之下任何人都能接受之狀——也決不可不斟酌是否受其他人承認而保留下來。

(2) 僅要求本身已完全眞憑實據的事項，成爲公理。

另外，帕斯卡亦針對「論證」提出三項規則：

(1) 凡無法再更明晰證明者，該具眞憑實據的事項，不須再加以論證。

(2) 凡稍嫌不明的命題，應予以證明。證明之際，僅能採用極明證的公理、已受承認者或已受證明之命題。

(3) 爲避免受定義限定的用語之曖昧性誤導，須時常以定義代替心中定義的名詞。

歸納以上帕斯卡的方法，他已排除了非常明顯當然的事項，爲所有的詞句定義，又加以證明尚未明顯的一切命題。

此帕斯卡的論證方法，不外乎是希臘人用於建立幾何學的方法。亦即，設定某「公理（前提）」，而後從中導出非常多「定理」的方法。也就是，仔細規定前提，之後按照正確的理論導出各種原理。因此，帕斯卡便將自己的書定名爲『幾何學的精神』。

現代的「公理主義」

但是，以上的方法論隨著十九世紀以來自然科學的驚人發展，更加地洗鍊成熟。所謂的公理主義，即是『幾何學的精神』之現代版。解明在某理論上將成爲其他命題的基本命題體系——稱之爲公理體系；再根據該公理體系與特定的推論規則，演繹組合成理論，稱之爲公理的方法或公理論。即便阿基米德幾何學未臻成熟，卻仍舊可說是適當的例子。另外，前述之帕斯卡的方法亦可說是公理主義的原始雛形。

目前的公理主義和帕斯卡提倡的方法，其基本的相異點主要在於針對「公理」的想法。帕斯卡認爲公理是本身已完全眞憑實據，而且必須是受所有人認同的明晰事實。

但是，十九世紀初葉，依據了不算受萬人認同的公理，建立了完全無矛盾的非阿基米德幾何學。爲此，帕斯卡所闡述之對「公理」的想法，大大地動搖。再者，德國的希爾貝特(Hilbert 一八六二～一九四三）顚覆了對公理的想法。

簡言之，希爾貝特認爲公理不必是明顯當然的眞理，只要是明確設定的「假定」即可。亦即，設立數種「假定」，再從中形式性地導出結論；若結果無相互矛盾之處，即屬成功。希爾貝特表示自己的想法是數學的基礎。但是，該想法不久即影響到整體自然科學和社會科學之廣泛領域。

奧地利出生，之後前往美國的卡爾奈普（Karlnap 一八九一～一九七〇）等人，提倡公理主義，認爲只有此種方法（公理的方法）才是科學的方法，而一切的科學必須建立於公理論之上。卡爾奈普等人進一步又主張，將以往主要以數學爲基礎工具而發達的記號理論學，改以做爲廣泛分析各科學且形成基礎的工具。可見屬西歐現代哲學的分析哲學中，公理主義儼然已根深蒂固了。

試舉一例說明。

關於太陽和地球的關係，有地動說和天動說等主張。如果根據衆多人自然認定的事項，則天動說較佔優勢。亦即，太陽東升西落是我們親眼目睹的事實。那幾乎可說是「眞憑實據」的事實。但是，我們也無法斷言天動說是正確的。

地動說主張太陽不動，而地球繞行太陽運轉。後來，之所以判定地動說正確，主要是立足此一立場時，能夠毫無矛盾地說明非常多的事物。也就是說，按照地動說的「假設」，能夠毫無矛盾地說明多項觀測的事實。

現在，再總結一次。

進行議論時，帕斯卡的方法以衆所接受的事項爲前提進行議論，是一種迫使衆人接受此「結論是正論」的方法。

相對地，希爾貝特的方法，則是前提不必是受大衆公認的。凡以暫時的「假設」事項爲前提，且能夠藉此毫無矛盾地說明衆多事項的話，大衆便會接受原本的假設是正確的。

在我們的日常生活裡或社會科學等領域中，衆所周知的事實意外地稀少。因此，最後時常必須以「「這些說法大致上可能是正確的」之事實爲前提，展開議論。

相較之下，帕斯卡的做法顯然在論證上是灑脫的；而希爾貝特的方法則較具彈性。

理路清晰但不確實

理論說服和論證說服，是一般年輕人拿手的說服方法。首先，使對方接受自認明顯當然的事項；然後，一旦對方承認的話，則意圖便得逞。因爲這樣，所以這樣；如此展開理論、提出結論，讓對方接受此一結論。對方既然接受前提，就非得承認結論不可。

然而，進行這種理論展開時，經常令人質疑「果然有理。但是，結論似乎有些奇怪」。西洋中世紀的經院哲學或天動說，在理論上均極爲完整。但是，卻不是能夠說明對象的唯一說明體系。其他還有能夠更適當地說明對象的體系。僅理論上完整一事，未必保證該說明體系更爲妥當。

理論的說明，時常容易產生「只要理論完整即是正確」的態度。因此，有必要再次仔細核對理論上導出的結果，是否與現實一致。萬一不合乎現實的話，那麼身爲理論出發點的前提就有些奇怪之處了。如果未如此仔細核對的話，則時常會產生理論完整，卻未符合現實和事實的現象。亦即「理路清晰但不確實」。

依據理論的方法雖然有這些問題，但是卻較其他方法具體系性且能帶來結構性的知識，倒也是事實。

進行理論說服時，一般必須注意哪些事項呢？一般認爲理論說服須依照下列程序進行。

⑴經由歸納法，自多數具體的事實和相關資料中，導出較少數的前提（假設、假定）。

⑵將那些前提列爲出發點，展開一番形式完整且無懈可擊的議論，導出結論。

⑶再次對照結論與具體事實和相關資料，檢查是否有矛盾之處。

⑷若有矛盾之處，則再度檢討前提予以修正，或選擇其他更適當的前提。如此再依據新前提，重複⑵項以後的步驟。

⑸如此，只要能獲得毫無矛盾地說明對象的體系，即可提出足以說服他人的方法。

以下圖示說明之，如圖1。

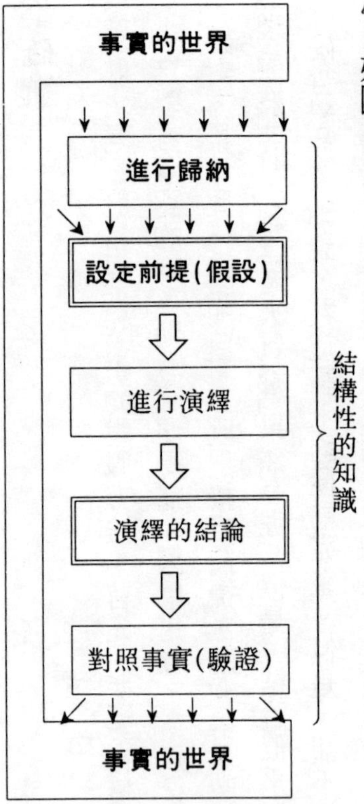

圖1　理論思考的程序

進行理論說服時，選擇適當的前提以及再次對照結論與具體世界的事實或相關資料，檢討是否有矛盾之處，都很重要。

在根據政治性的某種立場或某種主義的議論中，雖然議論的過程本身極為理論性；但是，卻時常缺乏驗證是否選擇適當的前提、獲得的結果是否符合現實的社會。

應滿足假設的條件

在此揭示進行理論說服時「應滿足假設的條件」。

如前述之地動說所示，也有些例子是：乍看之下與我們的常識不合的假設竟是正確的。因此，現在的科學方法論才主張假設的任意性。如今大家均認為議論出發點的假設，只要能滿足假設的條件，則任何假設均屬無礙。同時，設定某假設之後，該假設若能夠導出關於多項事實之毫無矛盾的說明體系的話，則原本的假設大致上應可被接受。因此，檢討假設應以達「應滿足假設的條件」之程度為何而進行，並非以是否大膽或意想天開，或與一般通論一致的程度為何等觀點來進行。

一般認為，現在的科學方法論等中，「假設」或「前提」以滿足下列條件者為佳。

(1) **經濟性**＝假設或前提的數量應儘可能地減小。必須仔細整理，以最小限度為宜。若假設或前提的數量無限增加的話，則任何議論均可成立。

(2) **單純性**＝假設或前提，儘量以能夠單純說明各種事實者爲佳。這是科學指導原理的一種。如果認爲運轉極爲複雜的話，則天動說並非不能成立。我們之所以選擇地動說而排除天動說，乃因能夠簡單說明之故。

(3) **豐富性**＝某假設系統能夠說明多項事實的話，應假設系統可說極具豐富性。關於這一點，數學家小平邦彥先生在『數學的建議』一書中，舉出一有趣的例子。「棋盤遊戲中，有一項五子棋的遊戲。如果換成四子棋的話，則先下手者爲勝；故一點也不好玩。若改爲六子棋的話，永遠也分不出勝負；所以也不好玩。亦即，四子棋和六子棋都沒有五子棋來得有意思。」

假設系統相當於遊戲規則。假設系統豐富，意味著遊戲有趣。只要設定某假設，即可說明多項事實；此一論點最後仍與發現新鮮有趣的遊戲相同；但是，發現如此新鮮有趣的遊戲，談何容易。一般認爲假設系統是單純的假設，只要不相互矛盾都無所謂；但是，設定能夠說明衆多事項的假設系統，非常困難，而選擇假設系統的自由，實際上並不多。

(4) **獨立性**＝假設或前提必須互相獨立。萬一某假設必須引自其他假設的話，那便不是基本的假設或前提，而應視爲定理或假設的延伸。

(5) **無矛盾性**＝凡自假設導出的各項結果，不可相互矛盾。

(6) **適當性**＝假設或前提必須能夠適當說明所觀察的事實。兩相對照導自假設或前提的各項結果與所觀察的事實時，不可產生矛盾或勉強。

(5)的「無矛盾性」意指引自假設的各項結束之間無矛盾之處；而(6)之「適當性」則指「導出的各項結果與所觀察的各項結果之間無矛盾之處」。

萬一「無矛盾性」或「適當性」不受承認時，則必須修正「假設」、「前提」或「公理」；或者代換其他。

(7) **驗證性**＝自假設導出的各項結果，以儘量可驗證者為佳。即使無任何矛盾之處，也不可能是無法驗證的假設。

例如西歐中世紀的基督教，他們假定世界上的一切事物均可透過聖經毫無矛盾地說明時，也許該教義的內容不存在著理論上的矛盾。但是，假如無法客觀或放棄對照引自教義之前提的事項，與所觀察的各項事實的話，即使那可能是宗教上的教義，也不可成為科學上的假設。

範例（Paradigm）的轉變

如前所述，現代的科學方法論中，主張議論出發點之假設的任意性。

為此，隨假設設定法的不同，我們對事物的看法、想法亦會大大地改變。

這稱爲範例升級（Paradigm shift）。

『範例集』此書的序章裡，北川聖美先生大致如下說道：

「中世紀的歐洲，太陽繞行地球運轉的天動說成爲當時宇宙論的主流。但是，十六世紀時，哥白尼提倡地球繞行太陽運轉的地動說。此哥白尼的地動說，在當時雖然不容易被接受；但是，經過一世紀廣受議論之後，現在已成了常識性的知識。

而且，以這次的轉變爲開端，科學概念的架構已大大地改變了。雖然眼中的世界和宇宙沒有任何的變化；但是我們看宇宙時的姿勢和想法，卻產生了戲劇性的轉變。

科學家稱此新概念、展望的轉換和創造，爲創造範例（新世界觀）。

此『範例』一詞，是哲學家、科學史家湯瑪斯．昆（Thomas Queen）在其著作『科學革命的構造』（三鈴書房出版）中，首次提倡的。這一詞彙是希臘語，來自模式（patern）之意的『paradigma』；昆將之定義爲特定科學基礎的主流理論性架構，或一連串的假設。

範例提供科學家的想法，加諸理論的方法或左右實驗中觀察方法的特定科學領域之基本模式。

範例一旦被人接受，就很少會遭到質疑。例如，之前的天動說，就是被西元前一四〇年左右的希臘天文學家Ptolemaios Klaudios所公式化的；之後，地球是宇宙中心的想法便成爲中世紀裡的常識。

衆所周知地，在地動說成爲顚覆此天動說之新範例受世人接受之前，需要尼可拉斯・哥白尼、約翰尼斯・凱普勒、葛利雷歐・伽利略、以及艾薩克・牛頓等近代科學創始者們的畢生努力。但是，此地動說一旦被人接受，便再沒有人會認爲地球是宇宙的中心。此稱範例的轉換，稱爲範例升級。

由此天動說轉變爲地動說的過程，也是脫離中世紀基督教頑冥不化的宇宙論支配，成立西歐近代科學的過程。後來，此西歐近代科學獲得了絕大的成果，直到今日。

在中世紀歐洲，人人相信絕對眞實的基督教之宇宙論，受到地動說爲首之近代科學的確立之一大打擊；於是，歐洲的世界觀繞過了邁向近代的轉機。

由天動說轉變爲地動說的過程，可視爲古典的範例升級之典型例子。現在，讓我們一起回顧此天文學中的範例升級之過程。

如前所述，Ptolemaios曾提倡過地球是宇宙的中心，月球、太陽、行星和星球均繞行地球運轉的古範例。此想法根據柏拉圖認爲圓運動是完全運動的思想。而且，一般認爲天體能展現完全的運動，當然它應該是繞行地球運轉的。此乃天動說。

但是，天體觀測進步的結果，人們發現行星的運動，有時和一般進行方向逆向運轉的異常事態。當初，此一變則性是透過擴大天動說的架構、導入周天圓的變則概念，勉強說明的。

但是，隨著觀測精度的增加，變則性越來越多。爲此，科學家們藉由添加複雜的周天圓、複雜的說明，補強天動說，維持概念的整合性。這雖是殘缺的整合，但事實上仍存在達一三〇〇年之久。

其間，好幾世紀以來，少數勇敢的人提倡宇宙中心是太陽，而非地球；但是幾乎乏人問津。然而，十六世紀裡，哥白尼以數學公式說明地動說之後，才受到矚目。

支配當時世界的教會，視地球非宇宙中心的想法爲異端。因此，哥白尼的支持者中，有人遭教會處罰，甚至被處以火刑。

之後，德國天文學家約翰尼斯·凱普勒，分析正確的天體觀測資料，採以太陽爲中心的系統認定行星呈橢圓狀繞行，成功地說明各種運轉。

此模式頗受大衆接納，但是卻不易獲得體制當局的肯定。有一則有名的事件：當伽利略以望遠鏡收集證實凱普勒學說的證據時，他被傳訊宗教審判，強迫收回自論。

一六八七年，艾薩克·牛頓爵士出版主要著作『Prinkipia』；好不容易此地動說才被大衆接受。如此，由天動說轉變爲地動說的範例轉換、範例升級，才宣告完成。

湯瑪斯·昆等科學哲學家，透過考察以此範例升級爲特徵的一般模式，如下解明這種變化的階段。

(1) 受一般大衆接納的範例中，發現了無法說明的異常現象。初期，這種變則性被視爲贗品或造假而遭忽視，或者擴大解釋模式，設法合理化。

(2) 然而，變則性的數量增加，多到無法忽視或合理化的程度。結果，發現錯誤的是範例，而非觀測報告。

(3) 成立說明新發見的嶄新範例。

(4) 後來進入過渡期，在此期間，受體制當局挑起議論，甚至有時得和執著古範例的人們進行生死之爭。

(5) 新範例更能說明之後的觀測報告；於是，便以能夠預言新發現的理由，受到大衆接納。

如此，由天動說轉變爲地動說的範例轉換，是範例升級的極典型例子。然而，如果是由天動說轉變爲地動說的話，這不過是天文學之學問領域中的範例轉換而已。但是，在歐洲，卻以此轉換爲契機，從中世紀的世界觀轉換爲近代的世界觀；如此完成了一大改變，遠超過單純一學問領域中的範例升級。此近代的世界觀，後來滲透了西歐社會的所有領域。

湯瑪斯．昆在研究科學思想的概念之上，提倡了範例（新世界觀）一詞。

接著，請讀者注視圖2一分鐘。大部分的人可能只看到黑白斑點散佈其中吧！再

圖2　散布其間的圖形（摘自『範例集』）

來，請讀者看一眼下頁圖3，再回過來看本頁的圖2。結果如何呢?各位一定在之前只看到黑白斑點散佈其中的圖2裡，看到了臉形。

此乃因爲視覺模式能夠充分解釋進入腦中的知覺資料所致，一旦完成此模式，只要記住該模式，可能隨時都能看見臉形吧!而且，反而看不見最初所見散佈其中的斑點。

視覺模式強力支配知覺。至於範例，亦在依據如何觀察、解釋世界此一論點上，與此視覺模式具同樣的作用。

如此，透過考察世界時的概念之範例或視覺模式的存在，我們受到強力的支配。這種式的存在，不論有無意識，均非常強烈。」

圖3　人的臉形（摘自『範例集』）

日常生活中也有效

如果以正確的方式進行理論說服的話，那時對方將難以反駁。即使是公司或學術界沒沒無聞的年輕人所說的理論，只要它正確，僅靠權威者的力量也很難否定。

許多科學成立於理論說服的方法之上。科學上的偉大發現，時常經由年輕人的努力而得，並非沒有理由。只要經過充分地反省，如此理論說服的原理，在日常生活中之亦能極爲有效。

現代社會，知性、理論的說服法漸漸地變得重要。

有的人開會時，理路淸晰、說話富說服力。這種人的說話方式，先選擇妥當的出發點，分析綜合事理之後，所下的結論往往能令人折服。

3 事實的說服

演繹型和歸納型

觀察科學上的成就，大致可分爲二類。亦即，一是演繹型的成就，另一則是歸納型的成就。

第一項演繹型的成就，以牛頓的『Prinkipia』和阿基米德的『幾何學原本』等爲其典型。在此，先設定少數原理，經由無懈可擊的理論，演繹性地導出貫穿全體的秩序、樹立體系。前述之德國希爾貝特所主張的公理主義，亦屬此一流派。

相對地，另有歸納型的成就。達爾文之『種的起源』成就，即是其典型。這種方法與現實緊密結合，徹底收集客觀的事實，再以歸納的方法，假設性地導出說明這些各項事實的一般法則。

另一方面，演繹型自少數的原理（又稱「公理」或「假設」）出發，透過導出的衆多「定理」或「演繹的結論」，說明各項事物。至於歸納型，反而自衆多的事實出發，觀察、比較、綜合之後，依據原理或法則、歸納下定結論。

前節所述之「理論說服」中，主要提出兩者中的演繹型說明。演繹型自極少數確定的事實出發，創造一自認完美的體系。那也許可說是堅固、封閉的體系。一旦獲得成功，便不容易遭受破壞。例如阿基米德幾何學屹立約二千年，直到幾何學出現爲止；另外，牛頓力學亦經歷二百年的歲月，直到量子學出現爲止。也就是說，演繹型能傲視群倫達數百年，甚至幾千年之久，繼續不斷地說明別人。

相反地，演繹型的成就建立了龐大的體系；萬一發生動搖，其結果並非稍做更改即可的。

在我們的一般社會、人文科學或社會的領域中，其研究對象與自然科學相較，明顯地具有個別不同的性質。歸納的方法，有時比演繹方法更適合說服的場合。有時單靠圖1的「進行歸納」，即可獲得相當的成果。達爾文曾經表示依據事實的歸納方法，才是科學的基本方法；又在其自傳中，舉出推展科學的條件，就是「鍥而不舍地觀察和收集事實的勤奮精神」。

「事實」和「意見」

下面說明事實說服的方法。

首先，我們必須分別說明「事實」和「意見」。我們在日常議論中，時常將「事實」和「意見」混為一談。

例如「那個女孩長得眞美！」這句話中滲雜著事實以外的個人意見和判斷。因此，討論是不是美女等這類問題，時常會產生意見不一。

相反地，如果根據那個女生是不是雙眼皮？或身高是不是一百五十公分以上等事實議論時，即很難產生意見不一的情況。我們進行客觀議論時，必須儘量根據事實議論。

有一門學問針對事實說明或事實和語言之間的關係進行研究；稱之為「一般意味論」。此學術界權威美國的S．I．早川先生前來日本時，如下說：

「根據事實議論時，連共產主義者和保守主義者之間，也可能發生意見一致。然而，若非根據事實而儘以言語進行議論時，即使是同為共產主義或保守主義者，雙方也會發生意見不合。」

一般意味論中，當意見相左時，便停止進行言語階段的交談，立刻轉移為具體的事實檢討。在此，事實即指經過實際觀察所得的事物。

我們經常形容別人「A的想法過於粗糙」或「B的想法過於縝密」。這些說法可算是言語階段的議論，也是個人意見的表態。如此一來，便加深雙方意見的對立。

相對地，只要說成「A的想法的這一部分，與事實不符」或「針對此一問題，重新指出這種事實」的話，就能減少誤會發生。

會議中，有時根本在毫無事實根據的情況下，展開議論。這時容易耗費大量的時間，卻得不到像樣的結論。

在經營和研究上，時常有人企圖節省心力，以理論解決只要直接觸及具體事實就容易了解的事項。但是，這種理論大多以過去曖昧事實爲出發點。

現在如何才是確定的事實，而理論更應該根據現在的情況發展。任何人都認爲理所當然的事情，事實上卻非依據現在事實的例子，仍舊屢見不鮮。

「返回事實！」

只要確實進行，有很多問題便可獲得解決。

但是，千萬不可埋沒於事實之中，務必不斷思考對眼前的目的和問題而言，何者才是擁有本質意義的知識。收集事實，是解決問題的手段，而非目的。

收集確定事實的具體方法，有「調查」「實驗」「統計」等。

手握確定事實時，發言才能充滿自信，說服力亦得以增強。

儘量採用只有一種含意的詞句

對於以上所說的事項，稍微補充說明。

出生波蘭、歸化美國，曾提倡意味論並擔任一般意味論研究所所長的理論學家

Kogipsky（一八七九～一九五〇），將語言分爲專門用語和非專門用語二種。Kogipsky 認爲，專門用語若寫成九十度或H_2O的話，則議論可順利進行不會引起誤解；但非專門用語卻是會招致誤解的語言。此九十度或H_2O中，其語義是單一的。進行學術研究時所使用的詞句，須以明確的定義限定，儘量以只有一種含義的詞句爲佳。

一般意味論表示，意見不一時，人們會採取以下的態度。

(1) 指責、謾罵反對立場者。

(2) 表明不了解，例如「我無法了解這種想法」。

(3)「因爲不懂所以想要研究」的研究態度。

(2)的態度和(1)相比，可說是一大進步。但是，爲客觀地進行議論，可說應該採取(3)的態度。

「數字」利於歸納資訊，正確表達事實。

與其以「前些日子」「前陣子」，不如以「九月十二日」等「數字」表達。又，「經常」「非常稀少」等方式，不及以「根據九月資料顯示，一百二十六個中佔十一個（八·七%）」的表達方式，可減少其曖昧性。

同時，驗證某學說是否正確，也很容易。

我指導學生畢業論文時，時常建議他們「儘量以數字表示」。

診斷說服力的流程圖

出發

〔・自己通過的路線，請以紅筆做記號。〕

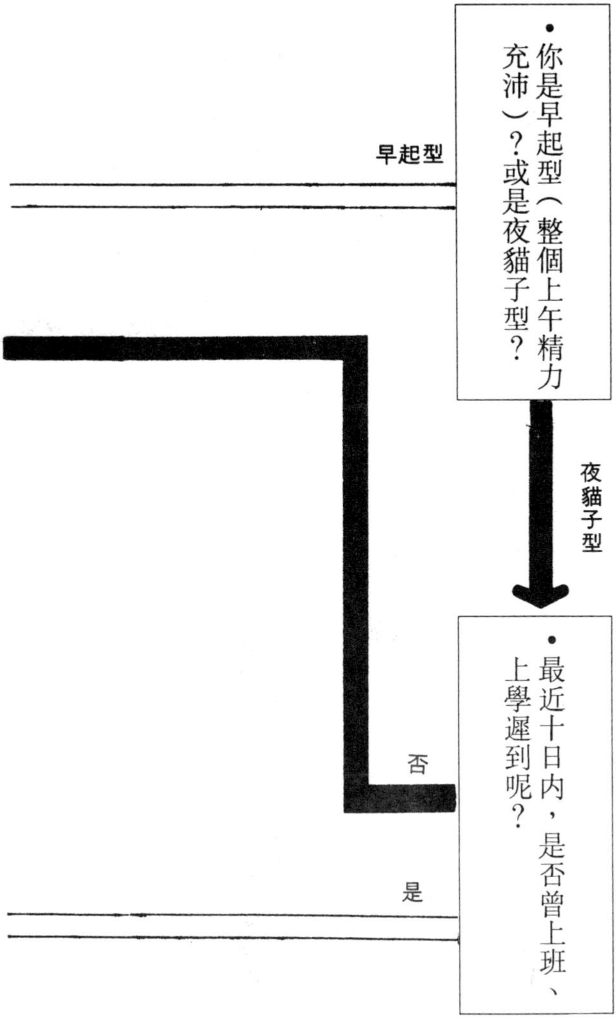
・你是早起型（整個上午精力充沛）？或是夜貓子型？
早起型
夜貓子型
・最近十日內，是否曾上班、上學遲到呢？
否
是

A·

時間的得分

(請以○圈選數字)

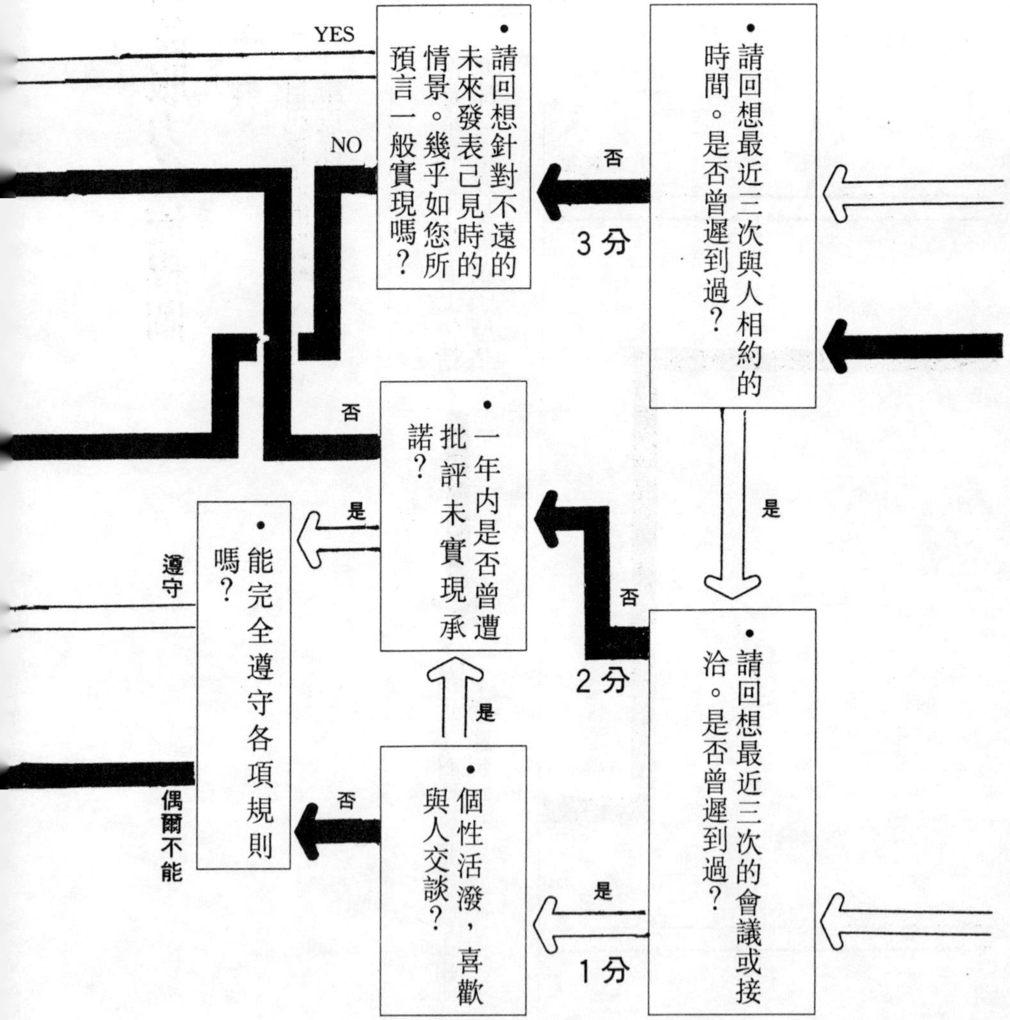

・請回想最近三次與人相約的時間。是否曾遲到過？
否
3分
是
・請回想針對不遠的未來發表已見時的情景。幾乎如您所預言一般實現嗎？
YES
NO
・請回想最近三次的會議或接洽。是否曾遲到過？
否
2分
是
1分
・一年内是否曾遭批評未實現承諾？
否
是
・個性活潑，喜歡與人交談？
是
否
・能完全遵守各項規則嗎？
遵守
偶爾不能

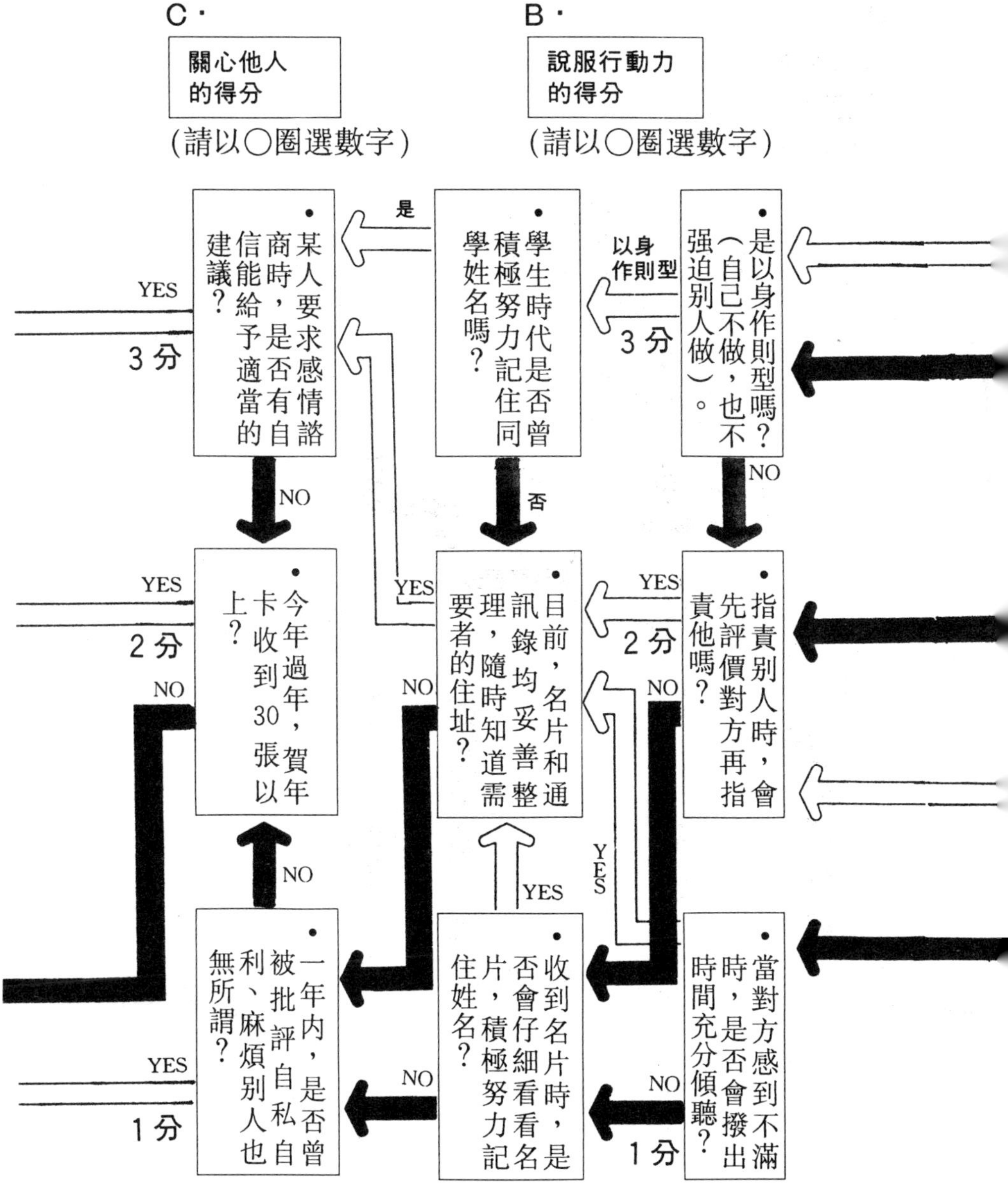
C・
關心他人的得分
(請以○圈選數字)
B・
說服行動力的得分
(請以○圈選數字)
●是以身作則型嗎？（自己不做，也不強迫別人做）。
以身作則型
3分
●學生時代是否曾積極努力記住同學姓名嗎？
是
●某人要求感情諮商時，是否有自信能給予適當的建議？
YES
3分
NO
否
NO
●指責別人時，會先評價對方再指責他嗎？
YES
2分
●目前，名片和通訊錄均妥善整理，隨時知道需要者的住址？
YES
●今年過年，賀年卡收到30張以上？
YES
2分
NO
NO
NO
NO
YES
YES
●當對方感到不滿時，是否會撥出時間充分傾聽？
NO
1分
●收到名片時，是否會仔細看看名片，積極努力記住姓名？
NO
●一年內，是否曾被批評自私自利、麻煩別人也無所謂？
YES
1分

D·

議論態度的得分

(請以○圈選數字)

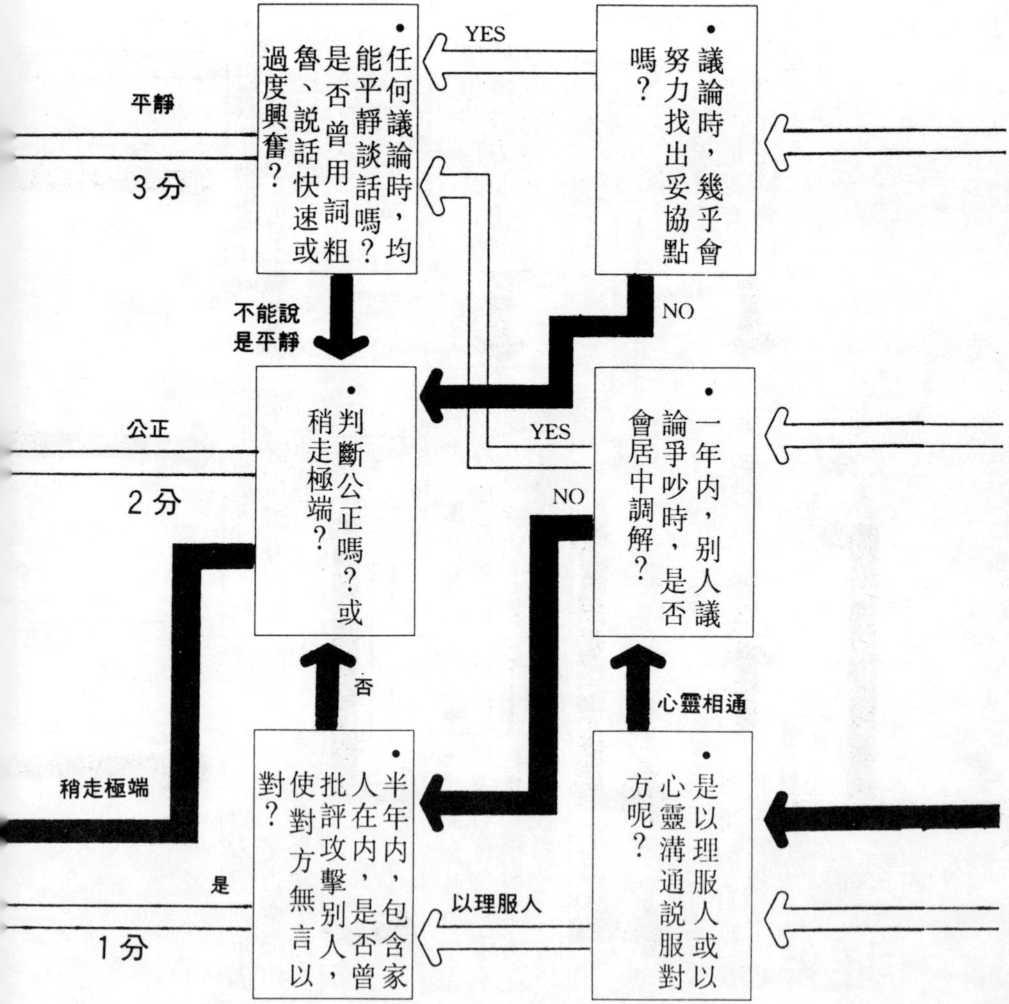

議論時，幾乎會努力找出妥協點嗎？
YES
NO
任何議論時，均能平靜談話嗎？是否曾用詞粗魯、說話快速或過度興奮？
平靜
3分
不能說是平靜
一年內，別人議論爭吵時，是否會居中調解？
YES
NO
判斷公正嗎？或稍走極端？
公正
2分
心靈相通
否
是以理服人或以心靈溝通說服對方呢？
以理服人
半年內，包含家人在內，是否曾批評攻擊別人，使對方無言以對？
稍走極端
是
1分

E·

準備、自信、耐心、誠意的得分

（請以○圈選數字）

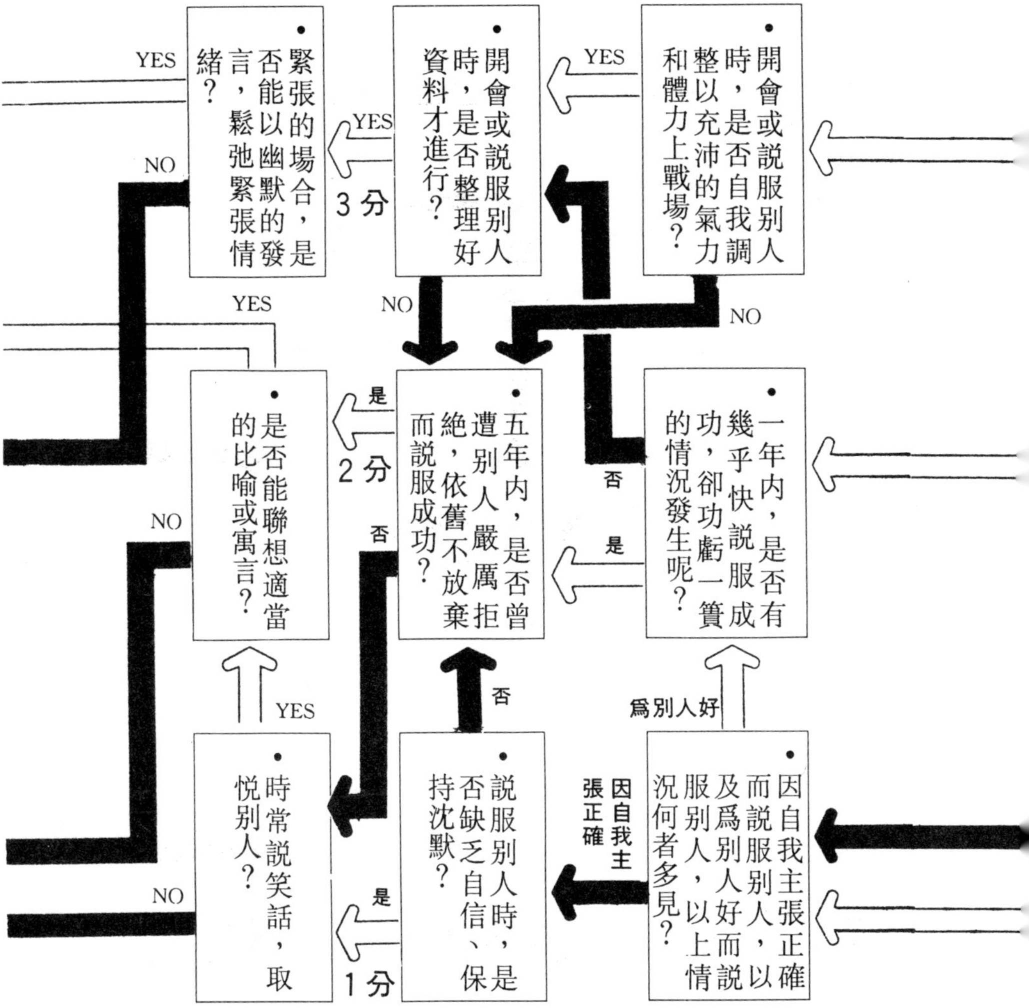

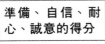

F·

議論態度的得分

(請以○圈選數字)

此處請統計得分

• 必要時,是否能有條理地說服別人?

YES → 3分
NO → 2分

• 一個月內是否曾激怒對方?

NO → 2分
YES → 開會時,是否根據正確事實發言?

• 開會時,是否根據正確事實發言?

YES → 2分
NO → 1分

• 你是一個具說服力的人。尤其總得分16分以上者,更加優秀。請反省A、B、C、D、E、F中,哪一項沒得分。

• 屬於說服力普通的人。針對A、B、C、D、E、F中得分低者,反省思考該如何改善?

• 您的說服力有些問題。尤其是得分8分以下者,請再次仔細閱讀本書,思考如何提高說服力。

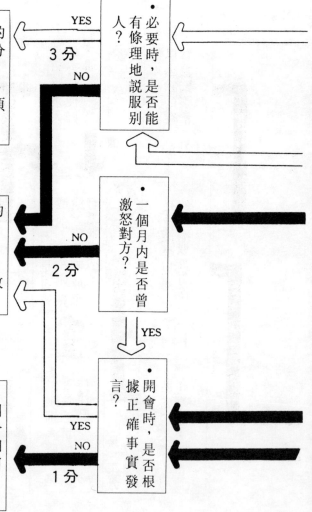

結論

我們的一生是一連串的說服。例如，孩子要求父母買玩具；學校老師簡單易懂地教授學生；進入公司，必須向上司說明自己的想法；上司也必須要求下屬完全理解自己的意圖行動；推銷時，必須引起對方「購買慾」。如此，每個人一生都必須依照自己的想法和欲求，影響別人。

本書從各角度思考「說服」。

說服力是踏出社會的必備能力，雖然能經由學習得以進步，但是學校卻沒有教授這種知識。

可能是有系統地教導說服能力，很困難所致吧！我相信各位已經了解「說服」，它並不是按照自己的意思就能說服別人的。

現在，再度強調其重點。

(1) 應該探求彼此均可幸福之道。

(2) 應該廣泛收集資訊思考。狹隘的知識，即使自認爲正確，也有可能是錯誤的。應該傾聽針對某見解的批評和反駁。

(3) 目的無法使手段正當化。採取的手段，有社會容許的限度存在。

本來，每個人都擁有自由意志。以個人的自由判斷爲前提，思考自己和社會如何獲得幸福。

如今，「說服」以心理控制或洗腦的形式爲害社會的案例越來越多。我們該如何處置呢？

爲使「說服」成爲有價值的人類文化、溝通方法，我們該如何是好？「說服」，以往大多以「技術」做爲探討。但是，今日，「說服」的探討有了新的一面，帶給大家人類爲何物？是何種生物……等此一嚴肅的哲學思考。

本書透過「說服」的探討，一窺人類心理的深淵，但願能提供各位參考。

大展出版社有限公司 圖書目錄

地址：台北市北投區(石牌)
致遠一路二段 12 巷 1 號
郵撥：0166955～1
電話：(02)28236031
28236033
傳真：(02)28272069

・法律專欄連載・電腦編號 58

台大法學院 法律學系／策劃
法律服務社／編著

1. 別讓您的權利睡著了 1		200 元
2. 別讓您的權利睡著了 2		200 元

・秘傳占卜系列・電腦編號 14

1. 手相術	淺野八郎著	180 元
2. 人相術	淺野八郎著	180 元
3. 西洋占星術	淺野八郎著	180 元
4. 中國神奇占卜	淺野八郎著	150 元
5. 夢判斷	淺野八郎著	150 元
6. 前世、來世占卜	淺野八郎著	150 元
7. 法國式血型學	淺野八郎著	150 元
8. 靈感、符咒學	淺野八郎著	150 元
9. 紙牌占卜學	淺野八郎著	150 元
10. ESP 超能力占卜	淺野八郎著	150 元
11. 猶太數的秘術	淺野八郎著	150 元
12. 新心理測驗	淺野八郎著	160 元
13. 塔羅牌預言秘法	淺野八郎著	200 元

・趣味心理講座・電腦編號 15

1. 性格測驗① 探索男與女	淺野八郎著	140 元
2. 性格測驗② 透視人心奧秘	淺野八郎著	140 元
3. 性格測驗③ 發現陌生的自己	淺野八郎著	140 元
4. 性格測驗④ 發現你的真面目	淺野八郎著	140 元
5. 性格測驗⑤ 讓你們吃驚	淺野八郎著	140 元
6. 性格測驗⑥ 洞穿心理盲點	淺野八郎著	140 元
7. 性格測驗⑦ 探索對方心理	淺野八郎著	140 元
8. 性格測驗⑧ 由吃認識自己	淺野八郎著	160 元
9. 性格測驗⑨ 戀愛知多少	淺野八郎著	160 元
10. 性格測驗⑩ 由裝扮瞭解人心	淺野八郎著	160 元

11.	性格測驗⑪ 敲開內心玄機	淺野八郎著	140 元
12.	性格測驗⑫ 透視你的未來	淺野八郎著	160 元
13.	血型與你的一生	淺野八郎著	160 元
14.	趣味推理遊戲	淺野八郎著	160 元
15.	行為語言解析	淺野八郎著	160 元

・婦 幼 天 地・電腦編號 16

1.	八萬人減肥成果	黃靜香譯	180 元
2.	三分鐘減肥體操	楊鴻儒譯	150 元
3.	窈窕淑女美髮秘訣	柯素娥譯	130 元
4.	使妳更迷人	成　玉譯	130 元
5.	女性的更年期	官舒妍編譯	160 元
6.	胎內育兒法	李玉瓊編譯	150 元
7.	早產兒袋鼠式護理	唐岱蘭譯	200 元
8.	初次懷孕與生產	婦幼天地編譯組	180 元
9.	初次育兒 12 個月	婦幼天地編譯組	180 元
10.	斷乳食與幼兒食	婦幼天地編譯組	180 元
11.	培養幼兒能力與性向	婦幼天地編譯組	180 元
12.	培養幼兒創造力的玩具與遊戲	婦幼天地編譯組	180 元
13.	幼兒的症狀與疾病	婦幼天地編譯組	180 元
14.	腿部苗條健美法	婦幼天地編譯組	180 元
15.	女性腰痛別忽視	婦幼天地編譯組	150 元
16.	舒展身心體操術	李玉瓊編譯	130 元
17.	三分鐘臉部體操	趙薇妮著	160 元
18.	生動的笑容表情術	趙薇妮著	160 元
19.	心曠神怡減肥法	川津祐介著	130 元
20.	內衣使妳更美麗	陳玄茹譯	130 元
21.	瑜伽美姿美容	黃靜香編著	180 元
22.	高雅女性裝扮學	陳珮玲譯	180 元
23.	蠶糞肌膚美顏法	坂梨秀子著	160 元
24.	認識妳的身體	李玉瓊譯	160 元
25.	產後恢復苗條體態	居理安・芙萊喬著	200 元
26.	正確護髮美容法	山崎伊久江著	180 元
27.	安琪拉美姿養生學	安琪拉蘭斯博瑞著	180 元
28.	女體性醫學剖析	增田豐著	220 元
29.	懷孕與生產剖析	岡部綾子著	180 元
30.	斷奶後的健康育兒	東城百合子著	220 元
31.	引出孩子幹勁的責罵藝術	多湖輝著	170 元
32.	培養孩子獨立的藝術	多湖輝著	170 元
33.	子宮肌瘤與卵巢囊腫	陳秀琳編著	180 元
34.	下半身減肥法	納他夏・史達賓著	180 元
35.	女性自然美容法	吳雅菁編著	180 元
36.	再也不發胖	池園悅太郎著	170 元

37.	生男生女控制術	中垣勝裕著	220 元
38.	使妳的肌膚更亮麗	楊　皓編著	170 元
39.	臉部輪廓變美	芝崎義夫著	180 元
40.	斑點、皺紋自己治療	高須克彌著	180 元
41.	面皰自己治療	伊藤雄康著	180 元
42.	隨心所欲瘦身冥想法	原久子著	180 元
43.	胎兒革命	鈴木丈織著	180 元
44.	NS 磁氣平衡法塑造窈窕奇蹟	古屋和江著	180 元
45.	享瘦從腳開始	山田陽子著	180 元
46.	小改變瘦 4 公斤	宮本裕子著	180 元
47.	軟管減肥瘦身	高橋輝男著	180 元
48.	海藻精神秘美容法	劉名揚編著	180 元
49.	肌膚保養與脫毛	鈴木真理著	180 元
50.	10 天減肥 3 公斤	彤雲編輯組	180 元
51.	穿出自己的品味	西村玲子著	280 元
52.	小孩髮型設計	李芳黛譯	250 元

・青 春 天 地・電腦編號 17

1.	A 血型與星座	柯素娥編譯	160 元
2.	B 血型與星座	柯素娥編譯	160 元
3.	O 血型與星座	柯素娥編譯	160 元
4.	AB 血型與星座	柯素娥編譯	120 元
5.	青春期性教室	呂貴嵐編譯	130 元
7.	難解數學破題	宋釗宜編譯	130 元
9.	小論文寫作秘訣	林顯茂編譯	120 元
11.	中學生野外遊戲	熊谷康編著	120 元
12.	恐怖極短篇	柯素娥編譯	130 元
13.	恐怖夜話	小毛驢編譯	130 元
14.	恐怖幽默短篇	小毛驢編譯	120 元
15.	黑色幽默短篇	小毛驢編譯	120 元
16.	靈異怪談	小毛驢編譯	130 元
17.	錯覺遊戲	小毛驢編著	130 元
18.	整人遊戲	小毛驢編著	150 元
19.	有趣的超常識	柯素娥編譯	130 元
20.	哦！原來如此	林慶旺編譯	130 元
21.	趣味競賽 100 種	劉名揚編譯	120 元
22.	數學謎題入門	宋釗宜編譯	150 元
23.	數學謎題解析	宋釗宜編譯	150 元
24.	透視男女心理	林慶旺編譯	120 元
25.	少女情懷的自白	李桂蘭編譯	120 元
26.	由兄弟姊妹看命運	李玉瓊編譯	130 元
27.	趣味的科學魔術	林慶旺編譯	150 元
28.	趣味的心理實驗室	李燕玲編譯	150 元

29. 愛與性心理測驗 小毛驢編譯 130元
30. 刑案推理解謎 小毛驢編譯 180元
31. 偵探常識推理 小毛驢編譯 180元
32. 偵探常識解謎 小毛驢編譯 130元
33. 偵探推理遊戲 小毛驢編譯 130元
34. 趣味的超魔術 廖玉山編著 150元
35. 趣味的珍奇發明 柯素娥編著 150元
36. 登山用具與技巧 陳瑞菊編著 150元
37. 性的漫談 蘇燕謀編著 180元
38. 無的漫談 蘇燕謀編著 180元
39. 黑色漫談 蘇燕謀編著 180元
40. 白色漫談 蘇燕謀編著 180元

・健康天地・電腦編號 18

1. 壓力的預防與治療 柯素娥編譯 130元
2. 超科學氣的魔力 柯素娥編譯 130元
3. 尿療法治病的神奇 中尾良一著 130元
4. 鐵證如山的尿療法奇蹟 廖玉山譯 120元
5. 一日斷食健康法 葉慈容編譯 150元
6. 胃部強健法 陳炳崑譯 120元
7. 癌症早期檢查法 廖松濤譯 160元
8. 老人痴呆症防止法 柯素娥編譯 130元
9. 松葉汁健康飲料 陳麗芬編譯 130元
10. 揉肚臍健康法 永井秋夫著 150元
11. 過勞死、猝死的預防 卓秀貞編譯 130元
12. 高血壓治療與飲食 藤山順豐著 180元
13. 老人看護指南 柯素娥編譯 150元
14. 美容外科淺談 楊啟宏著 150元
15. 美容外科新境界 楊啟宏著 150元
16. 鹽是天然的醫生 西英司郎著 140元
17. 年輕十歲不是夢 梁瑞麟譯 200元
18. 茶料理治百病 桑野和民著 180元
19. 綠茶治病寶典 桑野和民著 150元
20. 杜仲茶養顏減肥法 西田博著 150元
21. 蜂膠驚人療效 瀨長良三郎著 180元
22. 蜂膠治百病 瀨長良三郎著 180元
23. 醫藥與生活(一) 鄭炳全著 180元
24. 鈣長生寶典 落合敏著 180元
25. 大蒜長生寶典 木下繁太郎著 160元
26. 居家自我健康檢查 石川恭三著 160元
27. 永恆的健康人生 李秀鈴譯 200元
28. 大豆卵磷脂長生寶典 劉雪卿譯 150元
29. 芳香療法 梁艾琳譯 160元

30. 醋長生寶典	柯素娥譯	180 元
31. 從星座透視健康	席拉・吉蒂斯著	180 元
32. 愉悅自在保健學	野本二士夫著	160 元
33. 裸睡健康法	丸山淳士等著	160 元
34. 糖尿病預防與治療	藤田順豐著	180 元
35. 維他命長生寶典	菅原明子著	180 元
36. 維他命 C 新效果	鐘文訓編	150 元
37. 手、腳病理按摩	堤芳朗著	160 元
38. AIDS 瞭解與預防	彼得塔歇爾著	180 元
39. 甲殼質殼聚糖健康法	沈永嘉譯	160 元
40. 神經痛預防與治療	木下真男著	160 元
41. 室內身體鍛鍊法	陳炳崑編著	160 元
42. 吃出健康藥膳	劉大器編著	180 元
43. 自我指壓術	蘇燕謀編著	160 元
44. 紅蘿蔔汁斷食療法	李玉瓊編著	150 元
45. 洗心術健康秘法	竺翠萍編譯	170 元
46. 枇杷葉健康療法	柯素娥編譯	180 元
47. 抗衰血癒	楊啟宏著	180 元
48. 與癌搏鬥記	逸見政孝著	180 元
49. 冬蟲夏草長生寶典	高橋義博著	170 元
50. 痔瘡・大腸疾病先端療法	宮島伸宜著	180 元
51. 膠布治癒頑固慢性病	加瀨建造著	180 元
52. 芝麻神奇健康法	小林貞作著	170 元
53. 香煙能防止癡呆？	高田明和著	180 元
54. 穀菜食治癌療法	佐藤成志著	180 元
55. 貼藥健康法	松原英多著	180 元
56. 克服癌症調和道呼吸法	帶津良一著	180 元
57. B 型肝炎預防與治療	野村喜重郎著	180 元
58. 青春永駐養生導引術	早島正雄著	180 元
59. 改變呼吸法創造健康	原久子著	180 元
60. 荷爾蒙平衡養生秘訣	出村博著	180 元
61. 水美肌健康法	井戶勝富著	170 元
62. 認識食物掌握健康	廖梅珠編著	170 元
63. 痛風劇痛消除法	鈴木吉彥著	180 元
64. 酸莖菌驚人療效	上田明彥著	180 元
65. 大豆卵磷脂治現代病	神津健一著	200 元
66. 時辰療法—危險時刻凌晨 4 時	呂建強等著	180 元
67. 自然治癒力提升法	帶津良一著	180 元
68. 巧妙的氣保健法	藤平墨子著	180 元
69. 治癒 C 型肝炎	熊田博光著	180 元
70. 肝臟病預防與治療	劉名揚編著	180 元
71. 腰痛平衡療法	荒井政信著	180 元
72. 根治多汗症、狐臭	稻葉益巳著	220 元
73. 40 歲以後的骨質疏鬆症	沈永嘉譯	180 元

74. 認識中藥	松下一成著	180 元
75. 認識氣的科學	佐佐木茂美著	180 元
76. 我戰勝了癌症	安田伸著	180 元
77. 斑點是身心的危險信號	中野進著	180 元
78. 艾波拉病毒大震撼	玉川重德著	180 元
79. 重新還我黑髮	桑名隆一郎著	180 元
80. 身體節律與健康	林博史著	180 元
81. 生薑治萬病	石原結實著	180 元
82. 靈芝治百病	陳瑞東著	180 元
83. 木炭驚人的威力	大槻彰著	200 元
84. 認識活性氧	井土貴司著	180 元
85. 深海鮫治百病	廖玉山編著	180 元
86. 神奇的蜂王乳	井上丹治著	180 元
87. 卡拉 OK 健腦法	東潔著	180 元
88. 卡拉 OK 健康法	福田伴男著	180 元
89. 醫藥與生活㈡	鄭炳全著	200 元
90. 洋蔥治百病	宮尾興平著	180 元
91. 年輕 10 歲快步健康法	石塚忠雄著	180 元
92. 石榴的驚人神效	岡本順子著	180 元
93. 飲料健康法	白鳥早奈英著	180 元
94. 健康棒體操	劉名揚編譯	180 元
95. 催眠健康法	蕭京凌編著	180 元
96. 鬱金（美王）治百病	水野修一著	180 元

・實用女性學講座・電腦編號 19

1. 解讀女性內心世界	島田一男著	150 元
2. 塑造成熟的女性	島田一男著	150 元
3. 女性整體裝扮學	黃靜香編著	180 元
4. 女性應對禮儀	黃靜香編著	180 元
5. 女性婚前必修	小野十傳著	200 元
6. 徹底瞭解女人	田口二州著	180 元
7. 拆穿女性謊言 88 招	島田一男著	200 元
8. 解讀女人心	島田一男著	200 元
9. 俘獲女性絕招	志賀貢著	200 元
10. 愛情的壓力解套	中村理英子著	200 元
11. 妳是人見人愛的女孩	廖松濤編著	200 元

・校園系列・電腦編號 20

1. 讀書集中術	多湖輝著	180 元
2. 應考的訣竅	多湖輝著	150 元
3. 輕鬆讀書贏得聯考	多湖輝著	150 元

4. 讀書記憶秘訣	多湖輝著	150元
5. 視力恢復！超速讀術	江錦雲譯	180元
6. 讀書36計	黃柏松編著	180元
7. 驚人的速讀術	鐘文訓編著	170元
8. 學生課業輔導良方	多湖輝著	180元
9. 超速讀超記憶法	廖松濤編著	180元
10. 速算解題技巧	宋釗宜編著	200元
11. 看圖學英文	陳炳崑編著	200元
12. 讓孩子最喜歡數學	沈永嘉譯	180元
13. 催眠記憶術	林碧清譯	180元
14. 催眠速讀術	林碧清譯	180元
15. 數學式思考學習法	劉淑錦譯	200元
16. 考試憑要領	劉孝暉著	180元
17. 事半功倍讀書法	王毅希著	200元
18. 超金榜題名術	陳蒼杰譯	200元

・實用心理學講座・電腦編號 21

1. 拆穿欺騙伎倆	多湖輝著	140元
2. 創造好構想	多湖輝著	140元
3. 面對面心理術	多湖輝著	160元
4. 偽裝心理術	多湖輝著	140元
5. 透視人性弱點	多湖輝著	140元
6. 自我表現術	多湖輝著	180元
7. 不可思議的人性心理	多湖輝著	180元
8. 催眠術入門	多湖輝著	150元
9. 責罵部屬的藝術	多湖輝著	150元
10. 精神力	多湖輝著	150元
11. 厚黑說服術	多湖輝著	150元
12. 集中力	多湖輝著	150元
13. 構想力	多湖輝著	150元
14. 深層心理術	多湖輝著	160元
15. 深層語言術	多湖輝著	160元
16. 深層說服術	多湖輝著	180元
17. 掌握潛在心理	多湖輝著	160元
18. 洞悉心理陷阱	多湖輝著	180元
19. 解讀金錢心理	多湖輝著	180元
20. 拆穿語言圈套	多湖輝著	180元
21. 語言的內心玄機	多湖輝著	180元
22. 積極力	多湖輝著	180元

・超現實心理講座・電腦編號 22

1.	超意識覺醒法	詹蔚芬編譯	130 元
2.	護摩秘法與人生	劉名揚編譯	130 元
3.	秘法！超級仙術入門	陸明譯	150 元
4.	給地球人的訊息	柯素娥編著	150 元
5.	密教的神通力	劉名揚編著	130 元
6.	神秘奇妙的世界	平川陽一著	200 元
7.	地球文明的超革命	吳秋嬌譯	200 元
8.	力量石的秘密	吳秋嬌譯	180 元
9.	超能力的靈異世界	馬小莉譯	200 元
10.	逃離地球毀滅的命運	吳秋嬌譯	200 元
11.	宇宙與地球終結之謎	南山宏著	200 元
12.	驚世奇功揭秘	傅起鳳著	200 元
13.	啟發身心潛力心象訓練法	栗田昌裕著	180 元
14.	仙道術遁甲法	高藤聰一郎著	220 元
15.	神通力的秘密	中岡俊哉著	180 元
16.	仙人成仙術	高藤聰一郎著	200 元
17.	仙道符咒氣功法	高藤聰一郎著	220 元
18.	仙道風水術尋龍法	高藤聰一郎著	200 元
19.	仙道奇蹟超幻像	高藤聰一郎著	200 元
20.	仙道鍊金術房中法	高藤聰一郎著	200 元
21.	奇蹟超醫療治癒難病	深野一幸著	220 元
22.	揭開月球的神秘力量	超科學研究會	180 元
23.	西藏密教奧義	高藤聰一郎著	250 元
24.	改變你的夢術入門	高藤聰一郎著	250 元
25.	21 世紀拯救地球超技術	深野一幸著	250 元

・養 生 保 健・電腦編號 23

1.	醫療養生氣功	黃孝寬著	250 元
2.	中國氣功圖譜	余功保著	250 元
3.	少林醫療氣功精粹	井玉蘭著	250 元
4.	龍形實用氣功	吳大才等著	220 元
5.	魚戲增視強身氣功	宮 嬰著	220 元
6.	嚴新氣功	前新培金著	250 元
7.	道家玄牝氣功	張 章著	200 元
8.	仙家秘傳袪病功	李遠國著	160 元
9.	少林十大健身功	秦慶豐著	180 元
10.	中國自控氣功	張明武著	250 元
11.	醫療防癌氣功	黃孝寬著	250 元
12.	醫療強身氣功	黃孝寬著	250 元
13.	醫療點穴氣功	黃孝寬著	250 元

14. 中國八卦如意功	趙維漢著	180元
15. 正宗馬禮堂養氣功	馬禮堂著	420元
16. 秘傳道家筋經內丹功	王慶餘著	280元
17. 三元開慧功	辛桂林著	250元
18. 防癌治癌新氣功	郭 林著	180元
19. 禪定與佛家氣功修煉	劉天君著	200元
20. 顛倒之術	梅自強著	360元
21. 簡明氣功辭典	吳家駿編	360元
22. 八卦三合功	張全亮著	230元
23. 朱砂掌健身養生功	楊永著	250元
24. 抗老功	陳九鶴著	230元
25. 意氣按穴排濁自療法	黃啟運編著	250元
26. 陳式太極拳養生功	陳正雷著	200元
27. 健身祛病小功法	王培生著	200元
28. 張式太極混元功	張春銘著	250元

・社會人智囊・電腦編號 24

1. 糾紛談判術	清水增三著	160元
2. 創造關鍵術	淺野八郎著	150元
3. 觀人術	淺野八郎著	180元
4. 應急詭辯術	廖英迪編著	160元
5. 天才家學習術	木原武一著	160元
6. 貓型狗式鑑人術	淺野八郎著	180元
7. 逆轉運掌握術	淺野八郎著	180元
8. 人際圓融術	澀谷昌三著	160元
9. 解讀人心術	淺野八郎著	180元
10. 與上司水乳交融術	秋元隆司著	180元
11. 男女心態定律	小田晉著	180元
12. 幽默說話術	林振輝編著	200元
13. 人能信賴幾分	淺野八郎著	180元
14. 我一定能成功	李玉瓊譯	180元
15. 獻給青年的嘉言	陳蒼杰譯	180元
16. 知人、知面、知其心	林振輝編著	180元
17. 塑造堅強的個性	坂上肇著	180元
18. 為自己而活	佐藤綾子著	180元
19. 未來十年與愉快生活有約	船井幸雄著	180元
20. 超級銷售話術	杜秀卿譯	180元
21. 感性培育術	黃靜香編著	180元
22. 公司新鮮人的禮儀規範	蔡媛惠譯	180元
23. 傑出職員鍛鍊術	佐佐木正著	180元
24. 面談獲勝戰略	李芳黛譯	180元
25. 金玉良言撼人心	森純大著	180元
26. 男女幽默趣典	劉華亭編著	180元

27. 機智說話術 劉華亭編著 180元
28. 心理諮商室 柯素娥譯 180元
29. 如何在公司崢嶸頭角 佐佐木正著 180元
30. 機智應對術 李玉瓊編著 200元
31. 克服低潮良方 坂野雄二著 180元
32. 智慧型說話技巧 沈永嘉編著 180元
33. 記憶力、集中力增進術 廖松濤編著 180元
34. 女職員培育術 林慶旺編著 180元
35. 自我介紹與社交禮儀 柯素娥編著 180元
36. 積極生活創幸福 田中真澄著 180元
37. 妙點子超構想 多湖輝著 180元
38. 說NO的技巧 廖玉山編著 180元
39. 一流說服力 李玉瓊編著 180元
40. 般若心經成功哲學 陳鴻蘭編著 180元
41. 訪問推銷術 黃靜香編著 180元
42. 男性成功秘訣 陳蒼杰編著 180元
43. 笑容、人際智商 宮川澄子著 180元
44. 多湖輝的構想工作室 多湖輝著 200元
45. 名人名語啟示錄 喬家楓著 180元
46. 口才必勝術 黃柏松編著 220元
47. 能言善道的說話術 章智冠編著 180元
48. 改變人心成為贏家 多湖輝著 200元
49. 說服的ＩＱ 沈永嘉譯 200元
50. 提升腦力超速讀術 齊藤英治著 200元
51. 操控對手百戰百勝 多湖輝著 200元

・精選系列・電腦編號25

1. 毛澤東與鄧小平 渡邊利夫等著 280元
2. 中國大崩裂 江戶介雄著 180元
3. 台灣・亞洲奇蹟 上村幸治著 220元
4. 7-ELEVEN高盈收策略 國友隆一著 180元
5. 台灣獨立（新・中國日本戰爭一） 森詠著 200元
6. 迷失中國的末路 江戶雄介著 220元
7. 2000年5月全世界毀滅 紫藤甲子男著 180元
8. 失去鄧小平的中國 小島朋之著 220元
9. 世界史爭議性異人傳 桐生操著 200元
10. 淨化心靈享人生 松濤弘道著 220元
11. 人生心情診斷 賴藤和寬著 220元
12. 中美大決戰 檜山良昭著 220元
13. 黃昏帝國美國 莊雯琳譯 220元
14. 兩岸衝突（新・中國日本戰爭二） 森詠著 220元
15. 封鎖台灣（新・中國日本戰爭三） 森詠著 220元
16. 中國分裂（新・中國日本戰爭四） 森詠著 220元

17. 由女變男的我	虎井正衛著	200 元
18. 佛學的安心立命	松濤弘道著	220 元
19. 世界喪禮大觀	松濤弘道著	280 元
20. 中國內戰（新・中國日本戰爭五）	森詠著	220 元
21. 台灣內亂（新・中國日本戰爭六）	森詠著	220 元
22. 琉球戰爭①（新・中國日本戰爭七）	森詠著	220 元
23. 琉球戰爭②（新・中國日本戰爭八）	森詠著	220 元

・運 動 遊 戲・電腦編號 26

1. 雙人運動	李玉瓊譯	160 元
2. 愉快的跳繩運動	廖玉山譯	180 元
3. 運動會項目精選	王佑京譯	150 元
4. 肋木運動	廖玉山譯	150 元
5. 測力運動	王佑宗譯	150 元
6. 游泳入門	唐桂萍編著	200 元

・休 閒 娛 樂・電腦編號 27

1. 海水魚飼養法	田中智浩著	300 元
2. 金魚飼養法	曾雪玫譯	250 元
3. 熱門海水魚	毛利匡明著	480 元
4. 愛犬的教養與訓練	池田好雄著	250 元
5. 狗教養與疾病	杉浦哲著	220 元
6. 小動物養育技巧	三上昇著	300 元
7. 水草選擇、培育、消遣	安齊裕司著	300 元
8. 四季釣魚法	釣朋會著	200 元
9. 簡易釣魚入門	張果馨譯	200 元
10. 防波堤釣入門	張果馨譯	220 元
20. 園藝植物管理	船越亮二著	220 元
40. 撲克牌遊戲與贏牌秘訣	林振輝編著	180 元
41. 撲克牌魔術、算命、遊戲	林振輝編著	180 元
42. 撲克占卜入門	王家成編著	180 元
50. 兩性幽默	幽默選集編輯組	180 元
51. 異色幽默	幽默選集編輯組	180 元

・銀髮族智慧學・電腦編號 28

1. 銀髮六十樂逍遙	多湖輝著	170 元
2. 人生六十反年輕	多湖輝著	170 元
3. 六十歲的決斷	多湖輝著	170 元
4. 銀髮族健身指南	孫瑞台編著	250 元
5. 退休後的夫妻健康生活	施聖茹譯	200 元

·飲 食 保 健· 電腦編號 29

1.	自己製作健康茶	大海淳著	220 元
2.	好吃、具藥效茶料理	德永睦子著	220 元
3.	改善慢性病健康藥草茶	吳秋嬌譯	200 元
4.	藥酒與健康果菜汁	成玉編著	250 元
5.	家庭保健養生湯	馬汴梁編著	220 元
6.	降低膽固醇的飲食	早川和志著	200 元
7.	女性癌症的飲食	女子營養大學	280 元
8.	痛風者的飲食	女子營養大學	280 元
9.	貧血者的飲食	女子營養大學	280 元
10.	高脂血症者的飲食	女子營養大學	280 元
11.	男性癌症的飲食	女子營養大學	280 元
12.	過敏者的飲食	女子營養大學	280 元
13.	心臟病的飲食	女子營養大學	280 元
14.	滋陰壯陽的飲食	王增著	220 元
15.	胃、十二指腸潰瘍的飲食	勝健一等著	280 元
16.	肥胖者的飲食	雨宮禎子等著	280 元

·家庭醫學保健· 電腦編號 30

1.	女性醫學大全	雨森良彥著	380 元
2.	初為人父育兒寶典	小瀧周曹著	220 元
3.	性活力強健法	相建華著	220 元
4.	30 歲以上的懷孕與生產	李芳黛編著	220 元
5.	舒適的女性更年期	野末悅子著	200 元
6.	夫妻前戲的技巧	笠井寬司著	200 元
7.	病理足穴按摩	金慧明著	220 元
8.	爸爸的更年期	河野孝旺著	200 元
9.	橡皮帶健康法	山田晶著	180 元
10.	三十三天健美減肥	相建華等著	180 元
11.	男性健美入門	孫玉祿編著	180 元
12.	強化肝臟秘訣	主婦の友社編	200 元
13.	了解藥物副作用	張果馨譯	200 元
14.	女性醫學小百科	松山榮吉著	200 元
15.	左轉健康法	龜田修等著	200 元
16.	實用天然藥物	鄭炳全編著	260 元
17.	神秘無痛平衡療法	林宗駛著	180 元
18.	膝蓋健康法	張果馨譯	180 元
19.	針灸治百病	葛書翰著	250 元
20.	異位性皮膚炎治癒法	吳秋嬌譯	220 元
21.	禿髮白髮預防與治療	陳炳崑編著	180 元
22.	埃及皇宮菜健康法	飯森薰著	200 元

23. 肝臟病安心治療	上野幸久著	220 元
24. 耳穴治百病	陳抗美等著	250 元
25. 高效果指壓法	五十嵐康彥著	200 元
26. 瘦水、胖水	鈴木園子著	200 元
27. 手針新療法	朱振華著	200 元
28. 香港腳預防與治療	劉小惠譯	250 元
29. 智慧飲食吃出健康	柯富陽編著	200 元
30. 牙齒保健法	廖玉山編著	200 元
31. 恢復元氣養生食	張果馨譯	200 元
32. 特效推拿按摩術	李玉田著	200 元
33. 一週一次健康法	若狹真著	200 元
34. 家常科學膳食	大塚滋著	220 元
35. 夫妻們關心的男性不孕	原利夫著	220 元
36. 自我瘦身美容	馬野詠子著	200 元
37. 魔法姿勢益健康	五十嵐康彥著	200 元
38. 眼病錘療法	馬栩周著	200 元
39. 預防骨質疏鬆症	藤田拓男著	200 元
40. 骨質增生效驗方	李吉茂編著	250 元
41. 蕺菜健康法	小林正夫著	200 元
42. 赧於啟齒的男性煩惱	增田豐著	220 元
43. 簡易自我健康檢查	稻葉允著	250 元
44. 實用花草健康法	友田純子著	200 元
45. 神奇的手掌療法	日比野喬著	230 元
46. 家庭式三大穴道療法	刑部忠和著	200 元
47. 子宮癌、卵巢癌	岡島弘幸著	220 元
48. 糖尿病機能性食品	劉雪卿編著	220 元
49. 奇蹟活現經脈美容法	林振輝編譯	200 元
50. Super SEX	秋好憲一著	220 元
51. 了解避孕丸	林玉佩譯	200 元
52. 有趣的遺傳學	蕭京凌編著	200 元
53. 強身健腦手指運動	羅群等著	250 元
54. 小周天健康法	莊雯琳譯	200 元
55. 中西醫結合醫療	陳蒼杰譯	200 元
56. 沐浴健康法	楊鴻儒譯	200 元
57. 節食瘦身秘訣	張芷欣編著	200 元

・超經營新智慧・電腦編號 31

1. 躍動的國家越南	林雅倩譯	250 元
2. 甦醒的小龍菲律賓	林雅倩譯	220 元
3. 中國的危機與商機	中江要介著	250 元
4. 在印度的成功智慧	山內利男著	220 元
5. 7-ELEVEN 大革命	村上豐道著	200 元
6. 業務員成功秘方	呂育清編著	200 元

國家圖書館出版品預行編目資料

說服的IQ/安本美典著；沈永嘉譯
——初版，——臺北市，大展，1999〔民88〕
面；21公分，——（社會智囊；49）
譯自：說得の科學
ISBN 957-557-947-X（平裝）
1.溝通 2.口才 3.應用心理學
177.1 88011308

說服的IQ ISBN 957-557-947-X

原著者/安本美典
編譯者/沈永嘉
發行人/蔡森明
出版者/大展出版社有限公司
社址/台北市北投區（石牌）致遠一路2段12巷1號
電話/（02）28236031・28236033
傳真/（02）28272069
郵政劃撥/01669551
登記證/局版臺業字第2171號
承印者/高星企業有限公司
裝訂/日新裝訂所
排版者/弘益電腦排版有限公司

初版1刷/1999年（民88年）9月

定價/200元

大展好書 好書大展

大展好書 好書大展